Altersvorsorge

Was sie jetzt dafür tun können

Prof. Dr. Thomas Dommermuth,
Michael Hauer und Frank Nobis

Haufe

Inhalt

Vorwort

Den Ruhestand in finanziell abgesicherten Verhältnissen genießen – wird uns das auch in den kommenden Jahrzehnten möglich sein? Die Voraussetzungen dafür können Sie selbst schaffen. Und Eigeninitiative lohnt sich: Immerhin wird private Altervorsorge staatlich gefördert. Und das ist gut so, denn wir alle benötigen zusätzliche private Vorsorge. Sie haben zahlreiche Möglichkeiten – dieser TaschenGuide gibt Ihnen eine Orientierung darüber, welche Form der finanziellen Absicherung für Ihre persönlichen Bedürfnisse die beste ist.

Mit diesem Buch bieten wir einen Überblick über die unterschiedlichen Formen der Altersvorsorge und geben Ihnen konkrete Handlungsanleitungen. Das alles abgestimmt auf Ihre persönliche Situation, je nachdem ob Sie verheiratet sind oder Single, ob Sie Kinder haben, ob Sie angestellt sind oder selbstständig. Hier erfahren Sie, welche Rechte und Möglichkeiten Sie haben und wie Sie sie am besten nutzen. Damit Sie Ihre individuelle Entscheidung treffen können. Nehmen Sie Ihre Chancen wahr!

Thomas Dommermuth, Michael Hauer, Frank Nobis

Planen Sie Ihre Vorsorge – aber richtig!

Je eher Sie mit Ihrer Altersvorsorge beginnen, desto geringer fällt der finanzielle Aufwand aus. Doch selbst wenige Jahre vor Rentenbeginn macht es Sinn, Ihre Vorsorge erneut zu bilanzieren und zu prüfen, ob sich noch etwas verbessern lässt.

Lesen Sie in diesem Kapitel,

- welche Risiken Sie zuerst absichern sollten (S. 6) und
- wie Sie die Versorgungslücke in Ihrer Altersversorgung berechnen (S. 11).

Schritt 1: Welche Risiken sollte ich zuerst absichern?

Wenn Sie Ihre Vorsorgestrategie planen, denken Sie bitte nicht nur an die Absicherung des Alters und den dazu notwendigen Vermögensaufbau. Die beste Strategie nützt nichts, wenn unvorhersehbare Ereignisse Ihren Weg kreuzen. Vermögensaufbau heißt sparen; und sparen können Sie nur mit laufendem Einkommen. Daraus sollten Sie zunächst Ihre persönlichen Risiken absichern. Jeder Mensch hat einen unterschiedlichen Absicherungsbedarf. Ein Risiko, das jeder decken sollte, ist die Absicherung von Haftpflichtschäden über eine Haftpflichtversicherung.

Beispiele

So muss ein Familienvater dafür sorgen, dass im Unglücksfall die Familie finanziell abgefedert wird. Für ihn empfehlen wir eine Risikolebensversicherung. Ein lediger Extremsportler könnte dagegen durch einen Sportunfall berufsunfähig werden. Hier wäre eine Berufsunfähigkeitsversicherung sinnvoll. Ein Selbstständiger könnte finanziellen Schiffbruch durch eine Schadensersatzklage erleiden. Er bräuchte eine Berufshaftpflichtversicherung.

Schritt 2: Welche Ziele und Wünsche habe ich?

Berücksichtigen Sie im nächsten Schritt Ihre gegenwärtige Lebenssituation sowie Ihre kurz- und mittelfristigen Ziele.

Beispiele

Sie planen, in drei Jahren eine größere Anschaffung wie ein neues Auto. Klar, dass dann der dafür notwendige Sparanteil variabel angelegt werden muss (z. B. auf einen Bank- oder Fondssparplan). Möchten Sie in den nächsten Jahren eine Familie gründen? Dann ist die Riester-Rente in jedem Fall die erste Wahl für den Aufbau Ihrer Altersvorsorge. Die staatliche Förderung wächst automatisch mit Ihrer Familie. Die Selbstständigkeit ist für Sie seit jeher ein Traum und Sie planen, ihn in spätestens fünf Jahren zu realisieren. Dann sollten Sie eine private Rentenversicherung ins Auge fassen.

Dies sind nur einige Beispiele, wie sich die Lebensplanung auf die Auswahl der passenden Altersvorsorge auswirken kann. Natürlich kann nicht alles exakt vorausgesehen werden, aber grundsätzliche Weichenstellungen sind doch häufig bekannt. Ebenfalls ist es wichtig, Vorstellungen für die Ruhestandsphase zu entwickeln.

Beispiele

Planen Sie im Alter ins Ausland zu ziehen? Staatlich geförderte Altersvorsorge ist beispielsweise darauf ausgerichtet, dass der spätere Rentner auf jeden Fall im Inland seine Rente bezieht. Wenn Sie im Alter eine Finca in Spanien beziehen wollen, kann heute schon von einer Riester-Rente abgeraten werden.

Wollen Sie Ihre Altersvorsorge vererben oder übertragen? Dann zählt die neu geschaffene Rürup-Rentenversicherung nicht zur allerersten Wahl

Wie Sie sehen, ist Altersvorsorge vielschichtig. Das Gute daran: Es ist für jeden Geschmack etwas Passendes dabei. Wichtig ist in diesem Schritt, dass Sie sich Ihre wichtigsten Vorhaben klar machen.

Schritt 3: Was brauche ich im Alter?

Welche Kosten pro Monat im Alter in etwa auf Sie zukommen, können Sie anhand der folgenden Tabelle berechnen.

Ausgaben pro Monat	Euro
Heutige Belastungen, die im Ruhestand wegfallen:	
Sparraten und Versicherungsprämien für die Altersvorsorge	
Zins und Tilgung für Ihr Eigenheim	
Belastungen durch den Beruf (Fahrtkosten, Berufskleidung, ...)	
Summe A	
Zusätzliche Belastungen im Ruhestand:	
Mehraufwendungen für die zusätzliche Freizeit wie Urlaubsreisen oder für neue Hobbys	
besondere Belastungen bei Krankheit oder Kuraufenthalt	
Zahlungen für ein Altenheim oder eventuell häusliche Pflege	
Eventuell freiwillige Unterstützung von Kindern oder Enkelkindern	
Summe B	
Aktuelles monatliches Nettoeinkommen	
- Summe A	
+ Summe B	
= Gesamtbedarf (pro Monat)	

Ein Großteil der finanziellen Belastungen heute und im Alter bleibt inflationsbereinigt gleich. Dazu gehören vor allem die Grundbedürfnisse wie Kleidung und Ernährung sowie die Ausgaben für das Wohnen. Dagegen entfallen Ausgaben für diverse Sparleistungen und Tilgungsraten. Was neu hinzukommt, sind Ausgaben für die zusätzliche Freizeit, aber auch Mehraufwendungen für Krankheit und Pflege.

Schritt 4: Was bekomme ich im Alter?

Im nächsten Schritt verschaffen Sie sich einen Überblick darüber, wie hoch Ihre Rente nach jetzigem Stand sein wird. Dazu rechnen Sie Ihre monatlichen Rentenzahlungen hoch und fügen, falls vorhanden, die Hochrechnung der betrieblichen und Ihrer privaten Altersvorsorge dazu.

Gesetzliche Rente ermitteln

Allen Versicherten der gesetzlichen Rentenversicherung über 27 Jahren, die mindestens fünf Jahre Beiträge gezahlt haben, wird eine jährliche Renteninformation zugeschickt. Aktuelle Informationen zu Ihrem persönlichen Rentenkonto können Sie zudem unter www.deutsche-rentenversicherung-bund.de abrufen. Allerdings weist die Renteninformation noch sehr optimistische Rentenhöhen aus. Setzen Sie die gesetzliche Rente lieber etwas niedriger an. Haben Sie diese Informationen nicht zur Hand, dann wenden Sie sich an Ihren Berater. Immer mehr Finanzdienstleister besitzen mittlerweile eine Software, um die gesetzliche Rente grob zu berechnen.

Die betriebliche Rente ermitteln

Fragen Sie Ihren Arbeitgeber nach Ihren bisherigen Ansprüchen aus der betrieblichen Altersversorgung. Er sollte Ihnen sagen können, wie hoch Ihre Rente in etwa sein wird. Schätzen Sie dabei die zukünftigen Steigerungen: Berücksichtigen Sie neben den vertraglich festgelegten Steigerungen auch die außerordentlichen Gehaltssteigerungen. Sie können den Anbieter der betrieblichen Leistungen (z. B. die Pensionskasse oder den Versicherer) hierbei um Hilfe bitten. Schreiben Sie ihn einfach an unter Angabe Ihrer Versicherungsnummer und mit der Bitte, Ihnen bei der Vorausberechnung der Betriebsrente zum 67. Lebensjahr zu helfen.

Die private Versorgung überschlagen

Überprüfen Sie, aus welchen privaten Quellen Sie eine Versorgung ab dem Eintritt der Rente erwarten: Renten aus privaten Rentenversicherungen (auch fondsgebundenen), Mieteinnahmen, sonstige regelmäßige Einkünfte, einmalige Kapitalleistungen z. B. aus Wertpapieren, Investmentfonds und Sparguthaben, privaten Kapitallebensversicherungen (auch fondsgebundenen), Verkauf von Immobilien oder geschlossenen Fonds.

Beim Ergebnis die Inflation bedenken

Nun addieren Sie alle Einnahmequellen – das ist der Betrag, den Sie nach Ihrer Erwerbstätigkeit zur Verfügung haben werden. Nein, noch nicht ganz: Berücksichtigen Sie bei der Berechnung stets die Inflationsrate.

Beispiel

Ein heute 40-jähriger erhält in 27 Jahren eine Rente von 1 990 €. Diese Rente besitzt bei einer angenommenen Inflationsrate von 2,5 % heute eine Kaufkraft von 1 022 €.

Durch welchen Wert Sie Ihre geschätzte Rente bei einer angenommenen Inflationsrate von 2,5 % pro Jahr dividieren müssen, um auf den Wert in heutiger Kaufkraft zu kommen, zeigt folgende Tabelle (gerundete Werte):

Jahre	5	10	15	20	25	30	35	40
Wert	1,13	1,28	1,45	1,64	1,85	2,10	2,37	2,69

Schritt 4: Analyse der Versorgungssituation im Alter	
Gesetzliche Rente	
+ Betriebliche Rente/ Pension	
+ Private Rente	
+ sonstige Einkünfte	
= Gesamteinkünfte	
Dividiert durch Inflationswert = **Summe der Gesamteinkünfte im Rentenalter pro Monat**	

Schritt 5: Wie groß ist meine Versorgungslücke?

Wahrscheinlich ergibt sich eine Versorgungslücke – berechnen Sie selbst:

Summe aus Schritt 3: Gesamtbedarf im Rentenalter	
– Summe aus Schritt 4: Gesamteinkünfte im Rentenalter	
Versorgungslücke pro Monat	

Schritt 6: Wie schließe ich meine Versorgungslücke?

In welchem Zeitraum soll die Versorgungslücke gedeckt werden? Einen Anhaltspunkt gibt die statistische Lebenserwartung, nach heutigem Stand bei einem 65-jährigen Mann ca. 24 Jahre und bei einer 65-jährigen Frau ca. 27 Jahre. Allerdings steigt die Lebenserwartung permanent. Ein heute 40-jähriger Mann wird im Schnitt mit 65 Jahren noch eine Lebenserwartung von ca. 27 Jahren haben. Überschlägig kann nun der Kapitalbedarf zur Deckung der Versorgungslücke berechnet werden, durch Multiplikation der berechneten Versorgungslücke pro Monat und dem Faktor:

Rentenbeginn	60	61	62	63	64	65	66	67
Faktor Mann	210	205	200	195	190	186	182	178
Faktor Frau	236	231	226	221	216	211	206	201

Beispiel

Der 40 Jahre alte Thomas Fleischmann ist vorgegangen wie in Schritt 5 aufgezeigt und hat eine monatliche Versorgungslücke von 650 € berechnet. Diese multipliziert er mit dem Faktor 186, wenn er mit 65 in Rente gehen will. Damit errechnet er einen Kapitalbedarf von ca. 121.000 € zum 65. Lebensjahr.

Diesen Betrag gilt es nun über die in nachfolgenden Kapiteln aufgezeigten Wege optimal anzusparen. Nach Studien vom Institut für Vorsorge und Finanzplanung ist für das Abdecken der Versorgungslücke je nach Alter und Lebensstandard ein Beitrag in Höhe von ca. 8 % - 12 % vom Bruttoeinkommen nötig.

Altersvorsorge – was können Sie tun?

Die Altersvorsorge bietet Möglichkeiten wie nie zuvor – wenn Sie das Angebot wählen, das zu Ihnen passt.

Wir zeigen Ihnen im folgenden Kapitel,

- welche Rolle die Besteuerung spielt (S. 15 ff.),
- was Sie über die gesetzliche Rente wissen sollten (S. 18 f.),
- wer von der Riester-Rente profitiert (S. 20 ff.),
- wem die Rürup-Rente etwas bringt (S. 27 ff.),
- wie Sie die Vorteile einer Betriebsrente ausschöpfen (S. 33 ff.)
- für wen Immobilien ein Eckpfeiler der Altersvorsorge sein sollten (S. 41 ff.) und
- wie Sie Investmentfonds zur Erhöhung Ihrer Rendite nutzen (S. 48 ff.).

Welche Formen der Altersvorsorge gibt es?

Bis 2004 ruhte das Gebäude der Altersvorsorge in Deutschland auf drei Säulen: der gesetzlichen Rentenversicherung, der betrieblichen Altersversorgung und der privaten Vorsorge. Dieses Modell hat ausgedient – das Gesamtsystem ist seither in drei Schichten eingebettet. Nachfolgend sehen Sie, aus welchen Bestandteilen sich diese drei Schichten zusammensetzen:

Art der Versorgung	Bestandteile
Schicht 1: Basisversorgung	gesetzliche Rente landwirtschaftliche Alterskasse berufsständische Versorgung „Rürup-Rente"
Schicht 2: Zusatzversorgung	betriebliche Altersversorgung „Riester-Rente"
Schicht 3: Private Vorsorge	(fondsgebundene) Lebens- und Rentenversicherungen Bank- und Fondssparpläne Immobilien etc.

Heute besteht das Renteneinkommen im Durchschnitt zu ca. 80 % aus der gesetzlichen Rente, zu ca. 13 % auf der privaten Vorsorge und zu ca. 7 % aus der betrieblichen Altersvorsorge. Wohlstand im Alter muss zunehmend aus dem privat angesparten Vermögen bedient werden: Schätzungen des Instituts für Vorsorge und Finanzplanung besagen, dass das

Renteneinkommen in 40 Jahren im Durchschnitt nur noch zu ca. 45 % aus der gesetzlichen Rente, zu ca. 40 % auf der privaten Vorsorge und zu ca. 15 % aus der betrieblichen Altersvorsorge bestehen wird. Um Ihren Lebensstandard im Alter nicht drastisch herunter zu schrauben, müssen Sie Ihre Rente also dringend mit privater Vorsorge aufbessern.

Die nachgelagerte Besteuerung

Diesen Begriff haben Sie bestimmt schon einmal irgendwann gehört oder gelesen. Er klingt zwar kompliziert, aber das Prinzip ist im Grunde einfach: Der Staat fördert bestimmte Formen der Altersvorsorge unter bestimmten Voraussetzungen stärker als bisher, indem er Beiträge ganz oder teilweise steuerlich freistellt. Gleichzeitig gilt die spätere Auszahlung der Rente als steuerpflichtiges Einkommen. Das heißt, Renten aus steuerlich abzugsfähigen Beiträgen werden seit 2005 teilweise und bis 2040 vollständig versteuert. Die Umstellung erfolgt bis dahin in kleinen Schritten.

Der Vorteil für den Berufstätigen, der sich um seine Vorsorge kümmert: ein entscheidender Faktor bei Altersvorsorge ist, wie hoch die steuerliche Ersparnis durch die Wahl der richtigen Vorsorgeform ist – durch gute Planung lässt sich von den neuen Möglichkeiten profitieren. Bei welchen Vorsorgeformen und in welcher Lebenssituation Sie diese Vorteile nutzen können, zeigen wir Ihnen in den folgenden Kapiteln.

Wie hoch ist die Steuer-Ersparnis?

Das Alterseinkünftegesetz mit der nachgelagerten Besteuerung schien zunächst für viele negativ. Und doch muss man feststellen, dass es sie gibt – die positiven Effekte durch eine Reform des Gesetzgebers. Für den Einzelnen bedeutet dies eine nicht unbeachtliche Steuerersparnis, die vielen derzeit noch unbekannt ist und bislang kaum Aufmerksamkeit durch die Presse erhält. Vor Bezug der Rente kann man kräftig Steuern sparen – bei Arbeitnehmern sind im Durchschnitt bis zu 180 € und bei freiberuflich Tätigen bis zu 750 € pro Monat möglich. Denn das Alterseinkünftegesetz hat nicht nur die Besteuerung der Rentenbezüge, sondern auch die Absetzbarkeit der Beiträge neu geregelt. Mit Beginn des Rentenbezugs müssen die Leistungen versteuert werden. Doch vorher können die Beiträge in die gesetzliche Rentenversicherung, in landwirtschaftliche Alterskassen, in ein berufsständisches Versorgungswerk oder auch in die neue Rürup-Rente steuermindernd geltend gemacht werden.

Von 2005 bis 2024 besteht eine Übergangsregelung. Im Jahr 2005 konnten zunächst 60 % der Aufwendungen steuermindernd berücksichtigt werden., Im Laufe der Jahre steigt der Satz jeweils um 2 %-Punkte – im Jahr 2007 sind es 64 % – sodass ab 2025 die Beiträge zu 100 % abgesetzt werden können. Dies führt zu dem im nachfolgenden Beispiel beschriebenen Steuerersparniseffekt:

Beispiel: Steuer-Ersparnis-Effekt

Der ledige 40-jährige Hans Bodensteiner verdient 40 000 € brutto in 2007. Daraus resultieren für die gesetzliche Rente 19,9 %, sprich 7 960 €, wovon 64 % = 5 094 € absetzbar sind. Der Arbeitgeberanteil in Höhe von 3 980 € muss davon abgezogen werden. Es verbleiben 1 114 €, die als Altersvorsorgeaufwendungen in 2007 steuerlich geltend gemacht werden können. Dazu kommen noch weitere 1 500 € für sonstige Vorsorgeaufwendungen wie Kranken-, Berufsunfähigkeits- Pflege- und Haftpflichtversicherungen. Also insgesamt Vorsorgeaufwendungen in Höhe von 2 614 €. Im Vergleich zu den bislang maximal absetzbaren Vorsorgeaufwendungen in Höhe von 2 001 € ergibt sich eine Differenz von 613 €. Bei einem Grenzsteuersatz von 38,5 % inkl. Kirchensteuer ergibt sich für Hans Bodensteiner allein im Jahr 2007 eine monatliche Nettosteuerersparnis von 20 €. Kumuliert man die Ersparnis bis zum Rentenbeginn mit 65 Jahren, ergibt sich eine Gesamtersparnis von 26 437 € und ein durchschnittliche monatliche Ersparnis von sage und schreibe 96 €.

In der folgenden Tabelle finden Sie eine Übersicht der durchschnittlichen monatlichen Steuer-Ersparnis (in €) für einen Ledigen in Abhängigkeit vom Alter und Bruttogehalt:

Alter Bruttogehalt In €	25	35	45	55
25 000	72 €	58 €	41 €	20 €
35 000	117 €	99 €	71 €	38 €
45 000	151 €	137 €	108 €	60 €
> 57 000	179 €	165 €	138 €	89 €

> Bitte beachten Sie: Diese Ersparnis ergibt sich allein aus den Beiträgen zur gesetzlichen Rente. Bei Beamten ist deshalb diese Steuerersparnis nicht vorhanden. Bei Selbstständigen ebenfalls nicht, außer bei freiberuflich Tätigen, die in ein berufsständisches Versorgungswerk einzahlen (vgl. dazu Kapitel „Der freiberuflich Tätige", Seite 102 ff.).

Wichtig dabei ist zu erkennen, dass diese Steuerersparnis kein Steuergeschenk ist. Denn der Staat holt sich dieses Geld durch die Besteuerung der Rente im Alter wieder zurück. Schlau ist, wer frühzeitig die monatliche Steuerersparnis bis zum Rentenbeginn anlegt. Durch den Zinseszinseffekt erzielt er erhebliche Vorteile. Wie viel das konkret sein kann, zeigen wir in den jeweiligen Ausführungen zum Berufsstand auf.

Die gesetzliche Rente

Für Angestellte, Arbeiter aber auch für Auszubildende ist die gesetzliche Altersvorsorge Pflicht. Die gesetzliche Rente setzt sich aus drei Faktoren zusammen:

1. die Anzahl der rentenversicherungspflichtigen Jahre als Arbeitnehmer,
2. die Höhe der Beitragszahlungen und
3. das Alter zum Zeitpunkt des Renteneintritts.

Da die Regelungen zur Renteneintrittsgrenze und zum vorgezogenen Ruhestand stark diskutiert werden und sich voraussichtlich noch ändern, erkundigen Sie sich am besten bei der „Deutsche Rentenversicherung Bund" über den aktuellen Stand. So nennt sich der Zusammenschluss aller Rentenversicherungsträger. Um aber z. B. als 40-Jähriger, der schon seit

20 Jahren erwerbstätig ist, den gesetzlichen Rentenanspruch in 25 Jahren auszurechnen, braucht man allerhand Zahlen und eine Menge Berechnungen. Deshalb informieren wir Sie hier nur kurz über die Grundfaktoren. Zur genauen Berechnung bietet die „Deutsche Rentenversicherung Bund" Beratungen an. Informationen über Ihre bisher erworbenen rentenrechtlichen Zeiten können Sie auch im Internet unter www.deutsche-rentenversicherung-bund.de anfordern.

Zur Orientierung: Entgeltpunkte und Rentenwert

Die monatliche Rente berechnet sich folgendermaßen:

Summe aller Entgeltpunkte *x* aktueller Rentenwert

Entgeltpunkte werden jedes Kalenderjahr Ihrer Erwerbstätigkeit einzeln berechnet und dann addiert. Ihr persönlicher Entgeltpunkt für ein bestimmtes Kalenderjahr errechnet sich folgendermaßen:

$$\frac{\text{Ihr Bruttogehalt im Jahr 20xx}}{\text{das durchschnittliche Bruttojahresarbeitsentgelt aller Versicherten für das Jahr 20xx}}$$

Wer genauso viel verdient hat, wie der Durchschnitt aller Versicherten (im Jahr 2007: 29 488 €), bekommt dafür einen Entgeltpunkt. Wer nur die Hälfte verdient hat, bekommt 0,5 Entgeltpunkte usw. Liegt Ihr jährliches Bruttogehalt über der Beitragsbemessungsgrenze (in 2007: 63 000 € West und 54 600 € Ost), dann wird für die Berechnung Ihrer Entgeltpunkte maximal der Wert der Beitragsbemessungsgrenze genommen. Kindererziehungszeiten sowie Schul- und Hochschulausbildung zählen zu den beitragsfreien Zeiten, für die es trotzdem Entgeltpunkte gibt (bei letzteren nur noch bei Rentenantritt bis zum 1.1.2009).

Der aktuelle Rentenwert sorgt dafür, dass die neu beginnende Rente weitgehend inflationsbereinigt ist. Allerdings wurde der aktuelle Rentenwert und damit die gesetzliche Altersrente von 2003 bis 2006 nicht erhöht; in diesem Zeitraum blieb der aktuelle Rentenwert (West) bei 26,13 €. Ob künftig eine Steigerung erfolgt, ist fraglich.

Beispiel

Ein heute 40-Jähriger hat bisher 20 Entgeltpunkte erworben. Geht man davon aus, dass er noch 25 Jahre arbeitet und dabei 1,3 Entgeltpunkte pro Jahr erwirbt (dies entspricht in 2007 einem Bruttoeinkommen von 38 334 €) und trifft man die optimistische Annahme, dass die Rente um 1,5 % pro Jahr steigt, so hat er einen monatlichen Rentenanspruch von: (20 EP + 25 x 1,3 EP) x 26,13 € x $(1{,}015)^{25}$ = 1 990 €. Dies entspricht jedoch in heutiger Kaufkraft bei 2,5 % Inflationsrate nur ca. 1 073 €.

In den neuen Ländern

Für die Berechnung der monatlichen Rente (Ost) benötigt man den so genannten Umrechnungswert (in 2007: 1,1622). Er fließt in die Berechnung der Entgeltpunkte und somit in die Monatsaltersrente mit ein: Entgeltpunkte (Ost) = Umrechnungswert x Entgelt / Durchschnittsentgelt. Darüber hinaus gibt es einen gesonderten aktuellen Rentenwert (in 2007: 22,97 €) – erfragen Sie deshalb beides bei der Deutsche Rentenversicherung Bund.

Von der Riester-Rente profitieren

Riestern lohnt sich für nahezu jeden – besonders für Familien, Geringverdiener und Ledige mit Top-Einkünften.

Wer wird gefördert?

- Alle Pflichtversicherten in der gesetzlichen Rentenversicherung wie Arbeiter und Angestellte, Auszubildende, Wehr- und Zivildienstleistende,
- Beamte, Richter und Soldaten,
- Bezieher von Krankengeld, Arbeitslosengeld I und II (außer, wenn sie das Arbeitslosengeld II nur darlehensweise erhalten),
- Eltern in der Kindererziehungszeit,
- bestimmte Selbstständige (z. B. Handwerker, die in die Handwerksrolle eingetragen sind),
- Arbeitnehmer des öffentlichen Dienstes,
- geringfügig Beschäftigte, wenn sie auf die Versicherungsfreiheit verzichtet und den Pauschalbeitrag zur gesetzlichen Rentenversicherung von 15 % auf den jeweils geltenden vollen Beitragssatz (2007: 19,9 %) aufgestockt haben.

Nicht förderfähig sind Angestellte und Selbstständige, die in einem berufsständischem Versorgungswerk pflichtversichert sind, Selbstständige, die nicht in der gesetzlichen Rentenversicherung pflichtversichert sind sowie freiwillig in der gesetzlichen Rentenversicherung Versicherte, darüber hinaus geringfügig Beschäftigte, die versicherungsfrei sind, Rentner und Studenten.

Was wird gefördert?

In den Genuss staatlicher Förderung kommen Altersvorsorgepläne nur, wenn sie bestimmte Kriterien erfüllen. Sie gelten dann als „zertifiziert".

Die Voraussetzungen

Ein Riestervertrag muss folgende fünf Kriterien erfüllen:

- Die Leistung zur Altersversorgung darf nicht vor Vollendung des 60. Lebensjahres oder der einer vor Vollendung des 60. Lebensjahres beginnenden gesetzlichen Altersrente erbracht werden, und sie muss eine lebenslange und unabhängig vom Geschlecht berechnete Altersversorgung vorsehen.
- Die Auszahlung kann nur in Form einer Leibrente oder eines Auszahlungsplans mit anschließender Restverrentung ab dem 85. Lebensjahr erfolgen. Die Leistungen müssen während der gesamten Auszahlungsphase gleich bleiben oder steigen. Die bisher schon zugelassene Teilkapitalauszahlung bleibt als Einmalauszahlung zu Beginn der Auszahlungsphase bzw. nach dem Beginn der Auszahlungsphase in variablen Teilraten zulässig. Sie beträgt maximal 30 % des zu Auszahlungsbeginn vorhandenen Kapitals. Zwölf Monatsleistungen können in einer Auszahlung zusammengefasst werden.
- Die zu Lasten des Anlegers in Ansatz gebrachten Abschluss- und Vertriebskosten müssen über einen Zeitraum von mindestens fünf Jahren verteilt werden.

- Der Anleger muss während der Ansparphase das Recht haben, den Altersvorsorgevertrag ruhen zu lassen, zu kündigen bzw. auf einen anderen Altersvorsorgevertrag übertragen zu können sowie zum Wohnungsbau zu entnehmen.
- Der Anbieter muss zusagen, dass zu Beginn der Auszahlungsphase zumindest die eingezahlten Altersvorsorgebeiträge für die Auszahlungsphase zur Verfügung stehen. Davon ausgenommen sind 15 % der Gesamtbeiträge, sofern Beitragsanteile für eine Hinterbliebenenversicherung oder für die Absicherung der verminderten Erwerbsfähigkeit oder der Dienstunfähigkeit verwendet worden sind.

Die Anlageformen

Sprechen Sie Ihren Berater auf die Abschluss- und Verwaltungskosten des angebotenen Riestervertrages an. Ein Vergleich lohnt sich. Infrage kommen folgende Anlageformen:

- **Banksparplan:** Festgelegte Verzinsung und somit kein Risiko. Der Banksparplan ist für Sparer geeignet, die jegliches Risiko scheuen und älter als 45 Jahre alt sind.
- **Private (auch fondsgebundene) Rentenversicherung:** Versicherung mit einer Rentenauszahlung und einer garantierten Mindestverzinsung. Deshalb ebenfalls relativ geringes Risiko. Diese Variante ist auch als fondsgebundene Rentenversicherung ohne garantierte Mindestverzinsung möglich. Die Rentenversicherungen sind für Sparer geeignet, die Verträge konstant zu Ende führen und die ein langes Leben erwarten. Bei einer langen Laufzeit kann

eine Rentenversicherung gegenüber den Bank- und Fondssparplänen besser abschneiden.

- **Fondsprodukte:** Je nach Investitionsschwerpunkt spricht man von Aktien-, Renten-, Geldmarkt- oder offenen Immobilienfonds. Sie unterscheiden sich durch das Ausmaß an Ertragschancen und Risiken. Aktienfonds z. B. sind wesentlich risikoreicher als Renten- oder offene Immobilienfonds. Dafür bieten sie auch mehr Chancen. Daher ist diese Riesterform am besten für junge Sparer unter 45 Jahren geeignet.

Wie wird gefördert?

Zulagen auf Altersvorsorgebeiträge werden in folgender Höhe gewährt (Werte p. a. und in €):

	Grundzulage pro Jahr	Zulage Ehepaar	Kinderzulage je Kind
2006 / 2007	114	228	138
Ab 2008	154	308	185

Die Kinderzulage wird gewährt, wenn der Zulagenberechtigte Kindergeld bekommt. Sie wird zudem für alle ab 2008 geborenen Kinder auf 300 € p. a. erhöht. Darüber hinaus ist geplant, dass ab 2008 alle unmittelbar Förderberechtigten, die jünger als 21 Jahre sind, einmalig eine Bonuszahlung in Höhe von 100 € erhalten (so genannter „Riester-Berufseinsteiger-Bonus"). Das erhöht den Anreiz, bereits zu Beginn des Arbeitslebens eine Riester-Rente abzuschließen und ermöglicht jungen Leuten die besonders wertvolle Zeit zum Aufbau einer Zusatzversorgung zu nutzen und vom Zinseszins-Effekt zu profitieren.

Beispiel

Eine Familie mit einem Kind erhält im Jahr 2007 eine Gesamtzulage in Höhe von 366 €. Ab 2008 sind es 493 € pro Jahr.

Mindesteigenbeitrag

Diese Zulagen gibt es nur dann voll, wenn der Förderungswürdige einen Mindesteigenbeitrag zahlt. Er beläuft sich auf einen bestimmten Prozentsatz des sozialversicherungspflichtigen Vorjahreseinkommens – maximal ein bestimmter Festbetrag – abzüglich der jeweiligen Zulage.

	In % des Bruttovorjahreseinkommens	Max. Festbetrag pro Jahr
2006/2007	3 %	1 575 €
Ab 2008	4 %	2 100 €

Ist der Mindesteigenbeitrag unterschritten, wird die Zulage im Verhältnis des tatsächlich gezahlten Eigenbeitrags (Altersvorsorgebeitrag) zum Mindesteigenbeitrag gekürzt.

Sockelbetrag

Sind Sie Riester-förderfähig, müssen Sie mindestens einen so genannten Sockelbetrag in Höhe von jährlich 60 € unabhängig von der Anzahl Ihrer Kinder zahlen. Liegt der jeweilige Mindesteigenbeitrag (Gesamtbeitrag abzgl. Zulagen) unter dem Sockelbetrag von 60 €, so ist mindestens der Sockelbetrag als Beitrag zu leisten. Sind Sie „nur" mittelbar förderfähig, muss nicht einmal dieser Sockelbetrag gezahlt werden.

Die steuerlichen Vorteile der Riester-Rente

Jedem Steuerpflichtigen, der zum begünstigten Personenkreis gehört, steht ein zusätzlicher Sonderausgabenabzugsbetrag zur Verfügung. In den Veranlagungszeiträumen 2006 und 2007 beträgt er 1 575 € und ab dem Veranlagungszeitraum 2008 jährlich 2 100 €. Dabei handelt es sich nicht um einen zusätzlichen Freibetrag, sondern um eine Höchstgrenze, innerhalb derer Beiträge für die begünstigten Altersvorsorgeverträge als Sonderausgaben steuerlich berücksichtigt werden können (zusätzlich zu den Altersvorsorgeaufwendungen und sonstigen Vorsorgeaufwendungen). Zu den begünstigten Aufwendungen gehören nicht nur die vom Steuerpflichtigen geleisteten Altersvorsorgebeiträge, sondern auch die ihm zustehenden Zulagen. Der Sonderausgabenabzug steht jedem Ehegatten gesondert zu, wenn er selbst zum begünstigten Personenkreis gehört. Eine Übertragung des nicht ausgenutzten Höchstabzugsvolumens auf den Ehepartner ist nicht möglich.

> Gehört nur ein Ehegatte zum begünstigten Personenkreis, steht der Abzugsbetrag den Ehegatten nur einmal zu. Ist also nur ein Ehepartner förderungswürdig, der andere hingegen nicht, so erhalten dennoch beide die Zulage, sofern für beide ein Altersvorsorgevertrag besteht, jedoch den Sonderausgabenabzug nur einmal.

Wer profitiert besonders?

Grundsätzlich ist die Riester-Rente für jeden empfehlenswert, der Anspruch auf die Riester-Förderung hat. Ganz besonders profitieren Familien mit mehreren Kindern sowie Ledige und Verheiratete mit einem hohen Einkommen (vgl. dazu die entsprechenden Ausführungen bei den einzelnen Berufsgruppen). Die folgende Tabelle gibt dazu einen Überblick:

Zielgruppe	
Berufsstarter und Single	●●
Junges Paar ohne Kinder	●●
Familie mit Kindern	●●
„Ausgeflogene Familie" (d.h. Familie, bei der die Kinder schon aus dem Haus sind)	●●
Besserverdiener	●●
Beamte	●●
Selbstständige	
Selbstständiger vor Rentenbeginn	
Freiberufler	
Hausfrauen und -männer	
Generation „60 plus"	
Studierende	
Arbeitslose	●●

●● = sehr empfehlenswert

● = kann zur Ergänzung sinnvoll sein

Kein Punkt = nicht empfehlenswert oder nicht möglich

Was bringt die Rürup-Rente?

Die nach Ihrem Erfinder benannte Rürup-Rente wurde eingeführt, um insbesondere denen, die nicht riesterförderfähig sind, eine zusätzliche, staatlich geförderte Form der Altersvorsorge zu bieten. Dass der Erfolg der Rürup-Rente bislang ausblieb, muss mehr auf handwerkliche Fehler und die starren Produktmerkmale zurückgeführt werden als auf die Höhe der doch sehr ansprechenden Förderung. Denn: Es gibt zwar keine Zulagen vom Staat wie bei Riester, dafür aber großzügige steuerliche Vorteile, vor allem für Selbstständige und Besserverdiener kurz vor dem Ruhestand.

Wer wird gefördert?

Ziel der Rürup-Rente ist es vornehmlich, ein privat finanziertes Pendant zur gesetzlichen Rentenversicherung einzuführen. Deshalb kann grundsätzlich jeder Steuerpflichtige die Rürup-Rente abschließen. Der Gesetzgeber fördert diese Altersvorsorgeform, indem er großzügig Steuervorteile gewährt. Vor allem, wer im Alter keine oder eine im Vergleich zum Nettoeinkommen niedrige gesetzliche Rente erwartet, ist Nutznießer dieser Regelung. Also: Selbstständige (insb. Gewerbetreibende) und Angestellte mit einem Einkommen über der Beitragsbemessungsgrenze zur gesetzlichen Rentenversicherung (2007: 63 000 € (West), 54 600 € (Ost) Bruttojahreseinkommen). Diese Personengruppen sollen zum Aufbau einer leistungsstarken privaten (Zusatz)Versorgung motiviert werden. Und gerade für diese Zielgruppe kann die neue Form der staatlichen Altersvorsorge tatsächlich sehr interessant sein.

Was wird gefördert?

Um in den Genuss steuerlicher Förderung zu kommen, müssen Rürup-Rentenversicherungen strengen Kriterien genügen. Private Leibrentenversicherungen und ab 2007 auch Bank- und Fondsauszahlpläne werden als Rürup-Renten anerkannt, sie müssen im Kapitaldeckungsverfahren finanziert sein, die Zahlung einer monatlichen Rente vorsehen, auf das Leben des Rentenempfängers (=Steuerpflichtigen) und auf dessen Lebenszeit abgeschlossen werden, einen Rentenbeginn nicht vor Vollendung des 60. Lebensjahres vorsehen und eine Anwartschaft gewähren, die nicht beleihbar, nicht veräußerbar, nicht übertragbar, nicht kapitalisierbar und schließlich nicht vererbbar ist (ähnlich der Konstruktion der gesetzlichen Rente).

> Sie können die Rürup-Rente mit einer Zusatzversicherung für Berufsunfähigkeit, Erwerbsminderung und Hinterbliebenenversorgung (lediglich Ehegatte und kindergeldberechtigte Kinder) kombinieren – jeweils in Rentenform.

Sind diese Voraussetzungen erfüllt, kann der Beitrag (inkl. Prämien für die genannten Zusatzversicherungen bis zu einer Grenze von 49 % des Beitrages) als Sonderausgaben steuerlich abgesetzt werden.

Die Rürup-Rente gilt als Basisversorgung, Prämien sind damit als Altersvorsorgeaufwendungen steuerlich absetzbar. Die Abziehbarkeit der Sonderausgaben der „Riester-Förderung" bleibt hiervon unberührt. Beide sind unabhängig voneinander und tangieren sich in ihrer jeweiligen Höhe nicht. Es gibt zwei Arten von Vorsorgeaufwendungen:

- Altersvorsorgeaufwendungen, also Beiträge zur gesetzlichen Rentenversicherung, in eine landwirtschaftliche Alterskasse, in ein berufsständisches Versorgungswerk oder in eine Rürup-Rente und
- sonstige Vorsorgeaufwendungen, nämlich Beiträge zur Arbeitslosenversicherung, zu Erwerbs- und Berufsunfähigkeitsversicherungen, die nicht unter die Altersvorsorgeaufwendungen fallen, zu Kranken-, Pflege-, Unfall-, Haftpflicht- und Todesfallrisikoversicherungen sowie zu Lebens- und Rentenversicherungen, deren Beginn und erste Prämienzahlung vor dem 1.1.2005 liegen (sog. Altverträge).

Im Gegensatz zum alten Recht vor dem 1.1.2005, in dem sämtliche Vorsorgeaufwendungen in einen Topf geworfen wurden, steckt das neue Recht Aufwendungen für die Altersversorgung in einen gesonderten Topf.

Wie wird gefördert?

Während bislang die Beiträge zu Kranken-, Pflege-, Unfallversicherungen etc. die Höchstgrenze der Vorsorgeaufwendungen (auch bei Selbstständigen) regelmäßig vollständig ausschöpften und für die Altersversorgung oft kein Platz mehr blieb, können die Prämien für die Rürup-Rente künftig i. d. R. zusätzlich steuermindernd abgesetzt werden. Dadurch entsteht tatsächlich eine dritte Form staatlich geförderter Altersversorgung, denn auch wenn die Höchstgrenze der Altersvorsorgeaufwendungen bereits ausgeschöpft ist, werden Prämien zur betrieblichen Altersversorgung und zur „Riester-Rente" zusätzlich gefördert.

Während die sonstigen Vorsorgeaufwendungen (Kranken-, Unfallversicherung etc.) bis zu einer Höchstgrenze von 2 400 € p. a. (bei Selbstständigen) bzw. 1 500 € (bei sozialversicherungspflichtigen Arbeitnehmern und Rentnern sowie bei beihilfeberechtigten Beamten und Pensionären) steuerlich abzugsfähig sind, muss die Höchstgrenze der Abziehbarkeit der Altersvorsorgeaufwendungen berechnet werden.

Die Höhe der Altersvorsorgeaufwendungen

Die Höchstgrenze der gesamten Altersvorsorgeaufwendungen liegt bei 20 000 € pro Jahr (bei Verheirateten das Doppelte). Davon steuerlich abziehbar ist ein prozentualer Anteil, der seit dem Jahr 2005 mit einem Prozentsatz von 60 % beginnt und bis 2025 jährlich um 2 %-Punkte auf 100 % ansteigt.

Beispiel

Der Selbstständige Emil Beck investiert im Jahr 2007 10 000 € in eine Rürup-Rente. Wir nehmen an, dass er sonst keine Altersvorsorgeaufwendungen mehr zahlt (also keine Beiträge in die gesetzliche Rentenversicherung, landwirtschaftliche Alterskasse oder in ein berufsständisches Versorgungswerk). Somit hat er also 64 % von 10 000 € = 6 400 € steuerlich abziehbare Altersvorsorgeaufwendungen in 2007. Bei einem Steuersatz von 44,3 % entspricht dies einer Steuerersparnis von 2 835,20 €.

Anders als bei Selbstständigen und sozialversicherungspflichtigen Arbeitnehmern ist der Höchstbetrag in Höhe von 20 000 € (bei Verheirateten: 40 000 €) bei Beamten, Richtern, Soldaten und Geistlichen um den gesamten fiktiven Beitrag zur gesetzlichen Rentenversicherung mit dem zu Beginn des Jahres geltenden Satz der gesetzlichen Rentenversicherung (also Arbeitgeber- und Arbeitnehmeranteil) zu kürzen.

Beispiel

Der Beamte Bernd Brem erhält im Jahr 2007 Bezüge in Höhe von 30 000 €. Somit wird der Höchstbetrag in Höhe von 20 000 € um 5 970 € (fiktiver Beitrag zur gesetzlichen Rentenversicherung) gekürzt, d. h. er hat noch 14 030 € für eine Rürup-Rente übrig, die dann in 2007 zu 64 % (= 8 979 €) steuerlich abzugsfähig sind.

Wie wird die Rürup-Rente besteuert?

Die Besteuerung der Rürup-Rente erfolgt genau wie bei der gesetzlichen Rentenversicherung. Der steigenden Absetzbarkeit der Beiträge steht also die Versteuerung der Rente gegenüber. Ab dem Jahr 2040 ist die Rente aus Rürup schließlich zu 100 % steuerpflichtig. Abgezogen werden natürlich die persönlichen Freibeträge.

Wer profitiert besonders?

Die neuen staatlich geförderten Produkte erschließen erstmals der Zielgruppe der Selbstständigen einen steuerlich geförderten Weg zur Altersvorsorge. Die oben beschriebenen Einschränkungen haben in den Jahren 2005 und 2006 einen durchschlagenden Erfolg der Rürup-Rente verhindert. Mit dem Jahressteuergesetz 2007 hat der Gesetzgeber aber reagiert und erste Kinderkrankheiten der Rürup-Rente (Verpuffungseffekt bei Selbstständigen) rückwirkend zum 01. Januar 2006 behoben. Wie auch schon bei der Riester-Rente kann die Rürup-Rente nach der gesetzlichen Anpassung für einige Zielgruppen sehr interessant sein:

Zielgruppe	
Berufsstarter und Single	
Junges Paar ohne Kinder	●●
Familie mit Kindern	●
„Ausgeflogene Familie"	●
Besserverdiener	●
Beamte	●
Selbstständige	●●
Selbstständiger vor Rentenbeginn	●●
Freiberufler	●●
Hausfrauen und -männer	
Generation „60 plus"	●●
Studierende	
Arbeitslose	

●● = sehr empfehlenswert

● = kann zur Ergänzung sinnvoll sein

Kein Punkt = nicht empfehlenswert

Ihre Vorteile bei der Betriebsrente

Die dritte Form staatlich geförderter Altersvorsorge neben Riester- und Rürup-Rente stellt die betriebliche Altersversorgung (bAV) dar. Wird die bAV allein vom Arbeitgeber getragen, ist sie konkurrenzlos gut und für jeden Arbeitnehmer unbedingt empfehlenswert. Spart der Arbeitnehmer sie jedoch selber an (Entgeltumwandlung), muss sie mit privater Vorsorge konkurrieren. Zwar ist die bAV in diesem Vergleich aufgrund von besonderen Rabatten, möglichen Arbeitgeberzuschüssen sowie Steuer- und Sozialabgabenersparnissen durchaus attraktiv. Problematisch kann sich auswirken, dass die Leistungen aus der bAV im Rentenalter grundsätzlich voll mit Beiträgen zur gesetzlichen Kranken- und Pflegeversicherung belastet sind – im Gegensatz zur privaten Versorgung.

Diese Belastung kann bei keinen Arbeitgeberzuschüssen und / oder keinen Rabattvorteilen zu einem Nachteil gegenüber privaten Altersvorsorgeprodukten führen.

Wer kann eine bAV abschließen?

Allen Arbeitnehmern steht die bAV offen, es sei denn, der maßgebliche Tarifvertrag gestattet diese Versorgungsform nicht. Selbstständigen hingegen ist die bAV verschlossen, es sei denn, sie sind geschäftsführender Gesellschafter einer GmbH oder Aktionärsvorstand einer AG.

Die verschiedenen Formen der bAV

Die bAV kennt fünf Durchführungswege: Die häufigste Form, die Direktversicherung (DV), die Pensionskasse (PK) und der Pensionsfonds (PF) bilden die versicherungsförmigen Durchführungswege. Alle drei unterliegen der Aufsicht durch die Bundesanstalt für Finanzdienstleistungsaufsicht (BaFin) – im Gegensatz zur Unterstützungskasse (UK). Diese vier Formen sind externe Versorgungsträger. Bei der Direktzusage (DZ, auch unmittelbare Pensionszusage genannt) hingegen zahlt der Arbeitgeber selbst die Betriebsrente. Seine Verpflichtung kann er beliebig finanzieren (rückdecken).

Jeder der fünf Durchführungswege erlaubt es, dass die Beiträge vom Arbeitgeber oder vom Arbeitnehmer (Entgeltumwandlung) getragen werden. Auch eine Kombination ist zulässig. Der Arbeitnehmer hat einen Rechtsanspruch auf Entgeltumwandlung, den der Arbeitgeber ihm nicht verwehren darf. Ausnahme: Ein Tarifvertrag kann den Anspruch außer Kraft setzen. Der Anspruch auf Entgeltumwandlung ist auf einen Jahresbeitrag in Höhe von 4 % der Beitragsbemessungsgrenze (West) der gesetzlichen Rentenversicherung begrenzt (2007: 2 520 €).

Welche Leistungen bietet die bAV?

Unter die bAV fallen Leistungen auf Altersversorgung, Hinterbliebenenversorgung oder/und Invaliditätsversorgung. Bereits die Vereinbarung einer dieser drei Leistungsarten ist eine bAV. Es können auch zwei oder alle drei miteinander kombiniert werden.

Leistungen lassen sich in Rentenform (lebenslängliche Leibrente) oder als Auszahlungsplan (Rate) gestalten. Direktzusagen und Unterstützungskassen erlauben sogar die ausschließliche Vereinbarung einer Kapitalzahlung. Bei Direktversicherungen, Pensionskassen und Pensionsfonds muss Rente bzw. Rate vereinbart werden. Der Arbeitnehmer kann allerdings später statt der Renten bzw. Raten einmaliges Kapital wählen (bei Pensionsfonds max. 30 %), darf dieses

Wahlrecht jedoch aus steuerlichen Gründen nicht vor Beginn des letzten Jahres der Beitragsphase ausüben.

Garantiezeit oder Hinterbliebenenrente?

Eine Rente endet grundsätzlich bei Tod. Durch entsprechende Vereinbarung kann sie jedoch bis zum Ende einer Garantiezeit verlängert werden. In diesem Fall fließt die Rente über einen vereinbarten Zeitraum an den vorab definierten Berechtigten (z. B. den Ehepartner oder eines der Kinder).

Beispiel

Der Arbeitnehmer Bert Bedächtig schließt eine Pensionskassenversorgung per Entgeltumwandlung mit Leibrentenzahlung ab dem Jahr der Vollendung seines 60. Lebensjahres und einer Garantiezeit von 15 Jahren ab. Im Falle seines Ablebens zwischen Rentenbeginn und Ablauf der 15 Jahre wird die Rente bis zur Vollendung seines 75. Lebensjahrs an seine überlebende Ehegattin weiter gezahlt.

Statt der Garantiezeit kann auch eine Hinterbliebenenrente eingeschlossen werden. Im Gegensatz zur Garantiezeit beginnt die Hinterbliebenenrente bereits bei Tod in der Beitragsphase und endet erst beim Ableben des Hinterbliebenen. Deshalb erfordert der Einschluss einer Hinterbliebenenrente deutlich mehr Zusatzbeitrag als die Vereinbarung der Garantiezeit.

Während bei der Riester- und Rürup-Versorgung lediglich der Ehegatte sowie kindergeldberechtigende Kinder Bezugsberechtigte der Hinterbliebenenversorgung sind, darf die bAV auch ehemalige Ehegatten und Lebensgefährten einschließen.

Mit Ausnahme des Pensionsfonds darf die Leistung auch zu 100 % als einmalige Kapitalzahlung gewählt werden.

Steuern und Abgaben bei den Beiträgen

Direktzusagen gewähren dem Arbeitnehmer spätere Leistungen, die der Arbeitgeber direkt erbringt. Beiträge sind ebenso wenig im Spiel wie bei der Beamtenpension.

Steuervorteile

Eine Besteuerung auf Arbeitnehmerseite erfolgt erst ab Rentenbeginn. Für die Entgeltumwandlung hat dies den Vorteil, dass unbegrenzt hohe Einkommensteile steuerfrei in die Direktzusage umgewandelt werden können. Das Gleiche gilt für Unterstützungskassen, sie stellen lediglich den verlängerten Arm des Arbeitgebers selbst dar.

Anders die versicherungsförmigen Durchführungswege Direktversicherung, Pensionskasse und Pensionsfonds: Ihre Prämien sind Lohnbestandteil und pro Jahr lediglich bis 4 % der Beitragsbemessungsgrenze in der Rentenversicherung (West) steuerfrei. Das sind 2007 2 520 € Jahresbeitrag. Die Höchstgrenze wird um 1 800 € p. a. aufgestockt, es sei denn, der Arbeitnehmer nutzt die pauschale Lohnbesteuerung für Direktversicherungen (für Altzusagen, die vor 2005 vereinbart wurden) bzw. Pensionskassen egal in welcher Höhe. Die Höchstgrenze gilt für alle drei versicherungsförmigen Durchführungswege zusammen, unabhängig davon, ob arbeitgeberfinanziert oder per Entgeltumwandlung.

Abgaben sparen

Die Befreiung der Beiträge und Zuwendungen zur bAV von Sozialabgaben ist teilweise identisch mit der Befreiung von der Steuer. Jedoch ist der Aufstockungsbetrag der Höchstgrenze der versicherungsförmigen Durchführungswege (1 800 € p. a.) zwar steuer-, aber nicht sozialabgabenfrei. Diese unterschiedliche Behandlung gilt bei Entgeltumwandlung ab 2009 für den Gesamtbeitrag.

Gesamtübersicht der Wirkungen

Merkmal	DV	PK	PF	DZ	UK
arbeitgeberfinanziert	steuerfrei bis 4 % der BBG plus 1 800 € (wenn keine Pauschalbesteuerung), sozialabgabenfrei bis 4 % der BBG, zeitlich unbefristet			keine Besteuerung (ohne Grenze), vollkommen sozialabgabenfrei, zeitlich unbefristet	
Entgeltumwandlung	steuerfrei bis 4 % der BBG plus 1 800 € (wenn keine Pauschalbesteuerung), sozialabgabenfrei bis 4 % der BBG, befristet bis 2008			keine Besteuerung (ohne Grenze), sozialabgabenfrei bis 4 % der BBG, befristet bis 2008	
BBG = Beitragsbemessungsgrenze der gesetzlichen Rentenversicherung West					

Welchen Weg soll ich wählen?

Im ersten Schritt ist zu klären, welche Form oder welche Formen der Betriebsrente Ihr Arbeitgeber anbietet. Grundsätzlich gibt es folgende Unterscheidung: Direktzusage und Unterstützungskasse sind besonders aus steuerlicher Sicht attraktiv. Dieser Vorteil wiegt speziell bei Spitzenverdienern.

Für die meisten Arbeitnehmer ist die Möglichkeit entscheidend, die bAV bei einem Arbeitgeberwechsel auf den neuen Arbeitgeber übertragen zu können. Die Direktversicherung und Pensionskasse sind dann vorzuziehen. Aus Sicht des Arbeitnehmers gibt es erhebliche Unterschiede bezüglich der einzelnen Durchführungswege. Die wichtigsten sind:

Merkmal	DV	PK	PF	DZ	UK
Mitnahme des Vertrages bei vorzeitigem Ausscheiden	ja	ja	nein	nein	nein
Keine Höchstgrenze für Steuerfreiheit	nein	nein	nein	ja	ja
Nur im ersten Dienstverhältnis möglich, also nicht bei Steuerklasse VI	ja	ja	ja	Nein, in allen	Nein, in allen
steuerlicher Freibetrag auf Leistung	nein	nein	nein	ja	ja
Die bAV ist riesterförderfähig (Zulage und Sonderausgabe)	ja	ja	ja	nein	nein

Wer profitiert besonders?

Die Belastung der Leistungen mit Beiträgen zur Krankenversicherung der Rentner (KvdR) macht die bAV im Vergleich zur privaten Vorsorge häufig zur zweiten Wahl, es sei denn, dieser Nachteil wird durch besonders hohe Rabatte und/oder Arbeitgeberzuschüsse kompensiert (wird in nachfolgender Tabelle nicht angenommen). Besserverdiener sind regelmäßig nicht gesetzlich kranken- und pflegeversicherungspflichtig, sodass die bAV hier voll punktet:

Zielgruppe	
Berufsstarter und Single	
Junges Paar ohne Kinder	●●
Familie mit Kindern	●
„Ausgeflogene Familie“	●
Besserverdiener	●
Beamte	●●
Selbstständige	
Selbstständiger vor Rentenbeginn	
Freiberufler	
Hausfrauen und -männer	
Generation „60 plus“	
Studierende	
Arbeitslose	

●● = sehr empfehlenswert

● = kann zur Ergänzung sinnvoll sein

Kein Punkt = nicht empfehlenswert

Immobilien – ein Eckpfeiler der Altersvorsorge

Die älteste Form, die Versorgung im Alter sicherzustellen, ist die Immobilie. Ob Selbstnutzung oder Vermietung, die Immobilie ist ein Eckpfeiler der Zukunftssicherung und bietet dem Eigentümer das Gefühl von Unabhängigkeit und Sicherheit. Im Vergleich zur staatlich geförderten privaten und betrieblichen Altersversorgung ist sie unkompliziert und im Kern leichter verständlich.

Vorteile einer selbst genutzten Immobilie

Wenn für Sie eine Immobilie als Form der Altersvorsorge in Betracht kommt, beziehen Sie neben den immateriellen Aspekten – in den eigenen vier Wänden zu wohnen und ein lebenslanges Recht zum Wohnen zu besitzen – folgende Punkte in die Beurteilung ein:

- Wohnt ein Rentner zur Miete, wendet er im Schnitt 53 % der durchschnittlichen gesetzlichen Rente für Miete und Nebenkosten auf. Ein Eigentümer trägt lediglich die Nebenkosten, die er durch Energiesparmaßnahmen noch weiter senken kann – im Gegensatz zum Mieter.
- Die Immobilie ist inflationsgeschützt, weil die Mietersparnis im Laufe der Jahre i. d. R. ansteigt.
- Riester-Renten und die Leistungen aus der bAV sind zu 100 % steuerpflichtig, Rürup-Renten – je nach Rentenbeginn – bis zu 100 %. Die Mietersparnis ist unbesteuert.

Dieser Vorteil wird mit jedem künftigen Jahr bedeutungsvoller, da immer mehr Rentner in die Steuerpflicht kommen.

- Im Gegensatz zu allen Formen staatlich geförderter Altersversorgung, die bis zum 60. Lebensjahr in keiner Weise verfügbar sind, können Sie Ihre Immobilie jederzeit beleihen oder verkaufen.
- Mit einer Immobilie können Sie in den Genuss zahlreicher staatlicher Finanzierungshilfen kommen.
- Die Immobilie ist die einzige Altersversorgung, die Sie bereits Jahrzehnte vor der Rente nutzen können.
- Die Immobilie ist eine relativ sichere Form der Geldanlage. Insbesondere in wirtschaftlich wie politisch turbulenten Zeiten ist dieser Sachwert weniger krisenanfällig als Nominalwerte. Allerdings kommt es in erheblichem Maße auf den Standort des Grundbesitzes an.
- Abschließend noch etwas Überraschendes: Repräsentative Untersuchungen über längere Betrachtungszeiträume haben eindeutig gezeigt, dass Immobilieneigentümer, die zu Beginn der Analyse gleiche Einkommens- und Vermögensverhältnisse aufwiesen wie Mieter, am Ende des Zeitraums ungefähr das doppelte Geldvermögen besaßen. Dabei war ihre Belastung aus Zins und Tilgung im Durchschnitt höher als die Miete. Eigentümer haben mehr Spardisziplin, Mieter geben ihr verfügbares Geld leichtfertiger aus.

Riester-Förderung für das Eigenheim

Der Riester-Altersvorsorgevertrag kann als zinsloses Darlehen für Bau oder Erwerb einer selbst genutzten Immobilie verwendet werden. Damit kommt die Riester-Förderung letztlich der Immobilie zugute. Wie funktioniert das? Einen Teil Ihrer im geförderten Vorsorgevertrag bereits angesparten Summe können Sie als Kapital (Altersvorsorge-Eigenheimbetrag) entnehmen, um damit den Erwerb oder Bau von selbst genutztem Wohneigentum zu finanzieren. Aus dem Vertrag dürfen während der Ansparphase mindestens 10 000 € bis höchstens 50 000 € an den Zulagenberechtigten ausgezahlt werden – zinslos und unversteuert. Spätestens im zweiten Jahr nach Auszahlung des Eigenheimbetrags müssen Sie jedoch mit der Tilgung des Darlehens in monatlich gleichen Raten beginnen. Bis zur Vollendung Ihres 65. Lebensjahres ist es vollständig zurückzuzahlen. Gegenwärtig ist außerdem in der politischen Diskussion, die Riester-Zulage auch bei Erwerb oder Bau einer selbst genutzten Immobilie zu gewähren, ohne dass es dazu einer Riester-Versicherung, eines Riester-Fonds oder eines Riester-Banksparplans bedarf.

> Selbstgenutzte Immobilien sind nicht nur eine sinnvolle Form der Altersvorsorge, sie fördern diese auch noch zusätzlich.

Staatliche Zuschüsse für Ihre Immobilie

Auch nach dem Wegfall der Eigenheimzulage 2006 gewährt der Staat zahlreiche Finanzierungshilfen. Die Kernbereiche staatlicher Förderung sind:

- Wohnungsbauprämie (insb. für einen Bausparvertrag): Die Prämie beträgt 8,8 % der prämienbegünstigten jährlichen Aufwendungen max. 8,8 % von 1 024 € für Verheiratete (Ledige 512 €)), falls das zu versteuernde Einkommen 51 200 € (25 600 €) nicht überschreitet.
- Arbeitnehmersparzulage (z. B. für Bausparvertrag): Sie beträgt 9 % der angelegten vermögenswirksamen Leistungen, soweit diese 470 € p. a. nicht übersteigen, und das zu versteuernde Einkommen die Grenzen von 35 800 € bei Verheirateten (17 900 € bei Ledigen) nicht überschreitet.
- Altersvorsorge-Eigenheimbetrag im Rahmen der Riester-Versorgung (s. o.).
- Zinsvergünstigte Darlehen der KfW-Bankengruppe für ökologisches Bauen, Wohnraummodernisierung und CO_2-Gebäudesanierung mit der Möglichkeit des Teilschulderlasses bei energiesparenden Maßnahmen (vgl. die aktuellen Konditionen bei www.kfw.de).
- Zuschüsse für den Erwerb von Solaranlagen zum Zwecke der Warmwasserbereitung und/oder Heizunterstützung sowie Zuschuss für Energieberatung jeweils durch das Bundesamt für Wirtschaft und Ausfuhrkontrolle (BAFA, vgl. www.bafa/1/de/).

Nachteile

„Keine Rose ohne Dornen" – diese Erkenntnis gilt auch für die Altersversorgung „Immobilie": Während die auf Rentenzahlung ausgerichteten Formen der finanziellen Zukunftssicherung das bis zum Rentenbeginn angesparte Kapital komplett verrenten und damit aufzehren, bleibt der „Kapitalstock" Immobilie erhalten, wird also nicht durch Rentenzahlungen „verfrühstückt". Die Finanzierung dieses „Kapitalstocks" erfordert Zins- und Tilgungsbelastungen, die den bisherigen Mietaufwand regelmäßig übersteigen. Der positive Effekt des „Kapitalstocks" ist, dass es sich um eine eiserne Reserve handelt, die den Abkömmlingen später einmal geschenkt oder vererbt werden (Generationenvorsorge) oder bei Verkauf als finanzieller Grundstock für das spätere Leben in einem Seniorenheim dienen kann.

Immobilien wollen instand gehalten werden, was – auch im Rentenalter – mit regelmäßigem finanziellen Aufwand verbunden ist. Das lässt sich allerdings durch konsequente Rücklagenbildung finanzieren, ohne dass im Rentenalter Engpässe eintreten müssen.

Wenn Sie Ihre Immobilie vermieten

Auch der Immobilienerwerb mit dem Ziel, Mieteinnahmen zu erhalten und später realisierbare Wertsteigerungen zu erzielen, kann eine lukrative Form der privaten Altersversorgung sein. Folgende Vorteile ergeben sich:

- Aufgrund von Abschreibungen und Werbungskosten (z. B. Zinsaufwendungen) reduziert man i. d. R. das zu versteuernde Einkommen und spart somit Steuern.
- Unabhängig von der Steuerersparnis erhält man Mieteinnahmen, die alleine schon eine interessante Rendite bewirken können, und

- möglicherweise einen Wertzuwachs (Inflationsausgleich der Immobilie), der nach Ablauf der so genannten Spekulationsfrist (zehn Jahre; in der politischen Diskussion ist eine Ausdehnung dieser Frist) nicht zu versteuern ist.
- Mietnebenkosten (Energiekosten, Müllabfuhr, Straßenreinigung etc.) werden wegen ihres hohen Volumens heute schon als die „zweite Miete" bezeichnet. Zwischen 1995 und 2006 stiegen die Kaltmieten um 15 %, die Energiepreise jedoch um über 90 %. Baut oder erwirbt man eine Immobilie mit geringem Energieverbrauch, lassen sich die Umlagen senken und im gleichen Ausmaß die Nettokaltmieten, das Einkommen des Vermieters, erhöhen.
- Ist man bereits Eigentümer einer vermieteten Immobilie, bewirkt die energetische Gebäudesanierung, dass die Nebenkosten deutlich sinken. Gleichzeitige Mietsteigerungen bis zu 11 % pro Jahr der Modernisierungskosten (abzüglich staatliche Zuschüsse) sind gesetzlich zulässig. Ab 1.1.2008 wird der Energieausweis Pflicht für Gebäude, die vor 1978 errichtet wurden und bis zu vier Wohneinheiten aufweisen. Dann ergibt sich ohnehin ein Druck auf den Vermieter zur energetischen Gebäudesanierung (vgl. hierzu die Informationen des Ausstellers Deutsche Energie Agentur: www.dena.de).

Allerdings sollte der Schuldenanteil an der Finanzierung in vernünftigem Rahmen bleiben, weil sonst die Belastungen aus Zins- und Tilgung zu großer finanzieller Unfreiheit führen.

Wer profitiert besonders?

Zielgruppe	
Berufsstarter und Single	
Junges Paar ohne Kinder	●
Familie mit Kindern	●●
„Ausgeflogene Familie"	●●
Besserverdiener	●●
Beamte	●●
Selbstständige	●●
Selbstständiger vor Rentenbeginn	
Freiberufler	●●
Hausfrauen und -männer	●
Generation „60 plus"	
Studierende	
Arbeitslose	

●● = sehr empfehlenswert

● = kann zur Ergänzung sinnvoll sein

Kein Punkt = nicht empfehlenswert

Investmentfonds – zur Erhöhung der Rendite notwendig

Harry M. Markowitz, Nobelpreisträger für Wirtschaftswissenschaften empfahl dereinst, „nicht alle Eier in einen Korb zu legen". Seine Empfehlung lautete, nicht nur in Aktien einer Branche oder eines Landes zu investieren. Das grundsätzlich hohe Risiko der Aktie wird durch die Anlage in viele verschiedene Segmente bei hoher Rendite reduziert. Diese Grundregel hat einiges mit der Altersvorsorge zu tun. Denn hier sind wir darauf angewiesen, eine möglichst hohe Rendite bei möglichst wenig Risiko zu erzielen. Die klassische Lebensversicherung investiert die eingezahlten Beiträge zum größten Teil in festverzinsliche Wertpapiere, Immobilien und sonstige sichere, konservative Anlageformen. Damit wird der Forderung nach Sicherheit Rechnung getragen. Die Versicherer erzielen mit der konservativen Anlagestrategie derzeit Renditen in Höhe von 3-5 % p. a. Stellt man Laufzeiten von über 20 Jahren der Rendite gegenüber, ist die Ausbeute der Lebensversicherungen recht mager.

> Es ist also unbedingt zu empfehlen, die gesetzliche Rente sowie die sichere Anlageform der privaten Lebens- oder Rentenversicherung mit der Chance auf mehr Rendite zu verbinden, zum Beispiel mit Investmentfonds.

Was ist eigentlich ein Investmentfonds?

Das Grundprinzip eines Investmentfonds ist einfach: Viele Anleger legen ihr Geld in einen Topf, aus dem wiederum viele

Wertpapiere gekauft werden. Diese gemeinschaftliche Investition wird als Sondervermögen bezeichnet und unterliegt der staatlichen Aufsicht. Je nach Höhe seiner Einlage erhält jeder Anleger Anteile an dem Sondervermögen. Dadurch hat er die Möglichkeit, schon mit kleineren Anlagesummen in viele verschiedene Wertpapiere zu investieren und das Risiko zu streuen. Grundsätzlich unterscheidet man bei Investmentfonds je nach Anlagestrategie zwischen:

- Aktienfonds: Dieser Fondstyp investiert überwiegend oder ausschließlich in Aktien. Es wird nach Branchen, Ländern oder Regionen unterschieden und auch Mischformen sind denkbar. Durch den Fokus auf Aktien zeichnet sich diese Form der Investmentfonds tendenziell durch größere Risiken aus. Dem gegenüber stehen allerdings auch hohe Ertragschancen.
- Rentenfonds: Hierbei wird hauptsächlich in festverzinsliche Wertpapiere wie Unternehmens- oder Staatsanleihen investiert. Rentenfonds sind weniger spekulativ und profitieren neben Kursgewinnen insbesondere von der festen Verzinsung der Anleihen.
- Geldmarkt- und geldmarktnahe Fonds: Der Schwerpunkt dieser Fonds wird auf Termin- und Festgeldanlagen gelegt. Dem sehr geringen Risiko stehen geringe Chancen auf überdurchschnittliche Renditen gegenüber.
- Offene Immobilienfonds: Offene Immobilienfonds können, je nach Einkommenskategorie und Steuersatz als Ergänzung eines Anlageportfolios für Altersvorsorgesparer inte-

ressant sein. Dabei investiert die Fondsgesellschaft in der Regel in Gewerbeimmobilien.

- Mischformen aus den oben genannten Fonds: Da jeder Anleger unterschiedliche Präferenzen hat, wurde mit den Mischfonds eine hybride Anlageform geschaffen, die auch besondere Anlagetheorien verfolgen kann.
- Darüber hinaus gibt es auch Hedgefonds, bei denen jede Anlageform erlaubt ist, also auch Investition in Optionen und Futures. Dies sind Kauf- und Verkaufsrechte z. B. an Wertpapieren, die während der Optionsfrist sehr teuer und nach Ablauf dieser Frist wertlos werden können. Deshalb sind die Hedgefonds sehr spekulativ und daher für die Altersvorsorge nur als Beimischung zu betrachten.

Von allen diesen Fondsarten können Aktienfonds am besten die Chancen der Kapitalmärkte nutzen und die höchsten Renditen erzielen. Deshalb sollte eine Ergänzung der privaten Altersvorsorge – je nach verfügbarer Zeit bis zum Rentenbeginn – vor allem durch Aktienfonds erfolgen.

Risiko, Rendite und Flexibilität

Zwar wird schon durch das Konstrukt des Investmentfonds und die dadurch bedingte Aufteilung des Vermögens auf viele verschiedene Wertpapiere das Risiko der Kapitalanlage reduziert und mehr Sicherheit geboten. Den möglichen hohen Renditen stehen aber immer auch die Risiken durch Kursverluste gegenüber. Wichtig ist daher im Vorfeld, die eigene Risikoneigung richtig einzuschätzen und auf dieser Basis den richtigen Fonds auszuwählen. Finanzdienstleister wie Banken,

Versicherer oder Fondsverkäufer sind gesetzlich verpflichtet, im Rahmen des Wertpapierhandelsgesetzes mit Ihnen über Ihre Risikoneigung zu sprechen und diese dann auch zu dokumentieren. Nachfolgend geben wir Ihnen Anhaltspunkte wie Sie sich grob einordnen können:

- Akzeptieren Sie keinerlei Schwankungen beim Wert Ihrer Anlage, d. h. erwarten Sie kontinuierliche positive Verzinsung auch wenn Sie nur sehr gering ist, dann sind Sie der sicherheitsorientierte Anleger.
- Sind Sie auch bereit, in schlechteren Phasen eine sehr geringe oder sogar leicht negative Rendite hinzunehmen, um dafür aber die Chance zu haben, einen Tick mehr zu erhalten als beim reinen Sparkonto, dann sind Sie der ertragsorientierte Typ.
- Nehmen Sie sogar starke Schwankungen hin, d. h. der Wert Ihres Depots kann zeitweise sogar weit unter Ihren eingezahlten Beiträgen liegen, um dafür aber langfristig unter Umständen eine wesentlich höhere Rendite zu erzielen, dann sind Sie ein chancenorientierter Anleger.

Bezogen auf Aktien raten wir sicherheitsorientierten Anlegern, dass der Anteil der gesamten Kapitalanlage in Aktien oder Aktienfonds nicht höher sein sollte als 80 minus Lebensalter. Ein 40 Jahre alter sicherheitsorientierter Anleger sollte also somit maximal 40 % seines Gesamtvermögens in Aktien investiert haben; ein 20-jähriger dagegen bis zu 60 %. Damit wird dem Faktum Rechnung getragen, dass die Kurse der Aktien sehr schwanken können und immer genügend Zeit bleiben sollte, ein schwache Börsenphase zu überbrücken.

Beim ertragsorientiertem Typ lautet die Faustformel 90 minus Lebensalter und beim chancenorientierten Anleger 100 minus Lebensalter, d. h. ein 20-jähriger chancenorientierter Typ würde also ca. 80 % in Aktien oder Aktienfonds anlegen.

Wie wird ein Investmentfonds bespart?

Unterschieden wird bei den Investmentfonds die einmalige Anlage eines Betrages oder das Ansparen in einem Fondssparplan. Das Risiko eines Kursverlustes ist natürlich im ersten Fall höher, als wenn mit monatlichen Raten über einen langen Zeitraum das Vermögen aufgebaut wird. Der so genannte Fondssparplan ist vor allem für diejenigen geeignet, die systematisch ihre private Altersvorsorge aufbauen und dabei flexibel bleiben wollen.

> Das Fondsvermögen ist jederzeit verfügbar und Teile daraus können jederzeit veräußert werden. Zudem können Fondssparpläne zu jedem Zeitpunkt in der Höhe der Ansparung variiert werden bzw. die Zahlungen ohne Nachteile ausgesetzt werden.

Der Zinseszinseffekt

Besonders zu empfehlen ist der Fondssparplan mit Aktienfonds für Sparer, die noch mindestens zehn Jahre bis zur Rente haben. Je länger die Laufzeit, desto höher ist die Chance, mit einem Sparplan ein ansehnliches Vermögen aufzubauen. So lag die Wertentwicklung der deutschen Aktien in den vergangenen 30 Jahren bei durchschnittlich 7,9 % p. a. Hätte man seit 1977 kontinuierlich 50 € pro Monat in einen

Aktienfonds investiert, so wäre man heute mit einem Vermögen in Höhe von 69 558 € durchaus wohlhabend.

Beispiele

Unter dem Zinseszinseffekt versteht man, dass Sie Zinsen auf die Zinsen erhalten. Dies erscheint zunächst als unbedeutend. Aber die Wirkung dieses Effektes ist erstaunlich, wie die folgende Tabelle aufzeigt. Dargestellt wird dabei das Endkapital, das man bei Investition von 50 € monatlich bei einer Performance (Zins und Wertentwicklung) von 7,9 % erhält.

Laufzeit	10 Jahre	20 Jahre	30 Jahre	40 Jahre
Kapital	9 017 €	28 303 €	69 558 €	157 803 €

Bei einer Laufzeit von 40 Jahren erhalten Sie am Ende mehr als das fünffache Kapital obwohl Sie nur doppelt soviel Beiträge wie bei 20 Jahren eingezahlt haben. Ein anderes Beispiel zeigt auf, wie sich der Zinseszinseffekt auswirkt, wenn man beabsichtigt, zum 65. Lebensjahr eine lebenslange monatliche Zusatzente von 500 € zu erhalten. Dazu müsste die Sparrate für einen Fondssparplan bei einer Laufzeit von zehn Jahren (also bei einem 55-jährigen) bei monatlich 637 € liegen. Ein 45-jähriger muss für die gleiche Leistung nur 257 € pro Monat aufbringen und ein 25-jähriger gar nur 81 €.

Die Zeit spielt also bei der Rendite eine sehr große Rolle. Dabei gilt es zu bedenken, dass die erste Sparrate immer die wichtigste ist und in der Regel die höchste Rendite erzielt.

Wie Sie vom „Cost-Average-Effekt" profitieren

Bei Investmentfonds kann sich ein interessanter Effekt auswirken, der Cost-Average- oder auch Durchschnittskosten-Effekt. Danach profitiert der Sparer während der gesamten Laufzeit des Sparplans von Kursschwankungen des Fonds. In Hochphasen, wenn die Aktien teuer sind, werden im Verhältnis weniger Anteile gekauft und in günstigen Phasen mehr. Dies führt zu einem insgesamt günstigen Durchschnittspreis für die Fondsanteile. Je höher die Schwankungen der Investmentfondsanteile, desto besser die Durchschnittspreisbildung. Zur Veranschaulichung: Nehmen Sie einmal an, jeden Monat kaufen Sie Kaffee für genau 10 €. Heute kaufen Sie ein Kilo Kaffee für 10 €, wohl wissend, dass der Preis kein Sonderangebot ist. Im nächsten Monat ist Kaffee im Angebot und ein Kilo kostet nur 5 €, d.h. für 10 € sind zwei Kilo zu haben. Wieder einen Monat später kostet ein Kilo 20 €, somit können Sie sich für 10 € nur 0,5 Kilo leisten. Für insgesamt 30 € erhalten Sie 3,5 Kilo Kaffee – der Durchschnittspreis für ein Kilo beträgt also 8,57 €. Das Beispiel zeigt, dass Sie durch Preisschwankungen profitieren können, da Sie bei niedrigerem Preis mehr und bei hohem hohen Preis weniger „Teile" kaufen.

Auf Aktienfonds übertragen, erklärt dies den Vorteil des Cost-Average-Effekts. Wichtig ist allerdings, dass der Anteilswert zum Zeitpunkt des Verkaufs auf einem relativ hohen Niveau liegt. Deshalb sollte bereits rund fünf Jahre vor dem Rentenbeginn mit der Umschichtung der Aktienfondsanteile in sichere Anlageformen, wie z. B. Rentenfonds begonnen werden.

Für wen sind Investmentfonds geeignet?

Die Ergänzung der privaten Altersvorsorge über Investmentfonds, insbesondere der Kategorie Aktienfonds macht durchaus Sinn. Besonders geeignet ist diese Form der Altersvorsorge für Sparer, die noch mehr als zehn Jahre bis zum Rentenbeginn haben und dadurch den Zinseszinseffekt und den Cost-Average-Effekt optimal nutzen können. Wichtig ist nur, sich im Vorfeld Gedanken über seine persönliche Anlagementalität zu machen und die bis zum Rentenbeginn zur Verfügung stehende Zeit zu berücksichtigen.

Zielgruppe	
Berufsstarter und Single	●●
Junges Paar ohne Kinder	●●
Familie mit Kindern	●●
„Ausgeflogene Familie"	●
Besserverdiener	●●
Beamte	●
Selbstständige	●
Selbstständiger vor Rentenbeginn	●
Freiberufler	●
Hausfrauen und -männer	●●
Generation „60 plus"	●
Studierende	●●
Arbeitslose	●

●● = sehr empfehlenswert

● = kann zur Ergänzung sinnvoll sein

Kein Punkt = nicht empfehlenswert

Lohnen sich Lebensversicherungen?

Unter dem Oberbegriff Lebensversicherungen werden unterschiedliche Formen zusammengefasst: Kapitallebensversicherung, Risikolebensversicherung und private Rentenversicherung.

Kapitallebensversicherung – zur Altersvorsorge nicht mehr sinnvoll

Als Kapitallebensversicherung bezeichnet man die Kombination eines Sparvertrages mit einer Absicherung des Todesfallrisikos. Angeboten werden die klassische sowie die fondsgebundene Variante. Grund für die jahrzehntelange Erfolgsstory der Lebensversicherung war vor allem die steuerliche Begünstigung der Erträge. Mit der letzten Rentenreform wurde diese Begünstigung abgeschafft. Heute sind neu abgeschlossene Kapitellebensversicherungen maximal teilweise steuerlich begünstigt, wenn sie mindestens zwölf Jahre Vertragsdauer aufweisen und die Kapitalleistung frühestens nach Vollendung des 60. Lebensjahres fällig wird. Ist dies der Fall, müssen die Erträge nur zur Hälfte mit dem dann gültigen persönlichen Steuersatz versteuert werden. Die Todesfallleistung jedoch bleibt steuerfrei, egal zu welchem Zeitpunkt die versicherte Person stirbt.

Festzuhalten ist, dass diese Verträge in der Regel der Absicherung im Rentenalter dienen und somit auch sinnvoll sind. Zudem behalten alle vor dem 31.12.2004 abgeschlossenen

Verträge ihre steuerliche Attraktivität und können damit durchaus rentabel sein. Allerdings muss man heute klar sagen, dass es zum Aufbau der Altersvorsorge bessere Alternativen gibt. Eine Koppelung von Todesfallschutz und Altersvorsorge ist ohnehin nur bedingt zu empfehlen. Sucht man Garantien für die Sparbeiträge, dann sind ebenfalls alternative Vorsorgeformen vorteilhaft.

Risikolebensversicherung –sinnvoll?

Die Risikolebensversicherung ist nur im Bedarfsfall zu empfehlen. So sollte z. B. die Familie im Falle des Todes des Versorgers abgesichert werden, etwa wenn hohe Verpflichtungen (z. B. aus einem Baufinanzierungsdarlehen) bestehen. Bewährt hat sich in den letzten Jahren, die Risikolebensversicherung von Sparprodukten abzukoppeln und dem jeweiligen Absicherungsbedarf anzupassen. Beträgt beispielsweise das Restdarlehen der eigenen Immobilie noch 150 000 €, sollte zumindest diese Verbindlichkeit mit einer Todesfallsumme in gleicher Höhe gedeckt sein. Selbstständige Risikolebensversicherungen sind für wenig Beitrag zu haben und können jederzeit gekündigt werden.

> Die Risikolebensversicherung stellt keine Anlageform zur Altersvorsorge dar.

Private Rentenversicherung

Die private Rentenversicherung hat sich zum Klassiker in der Altersvorsorge entwickelt: Mit der privaten Rentenversicherung sind Sie versorgt – egal wie alt Sie werden. Das ist bei ständig zunehmender Lebenserwartung ein nicht zu unterschätzender Gewinn. Eine private Rentenversicherung konzentriert sich in der Hauptsache auf die Absicherung des Langlebigkeitsrisikos – als solches bezeichnet man aus Sicht der Altersvorsorge die Möglichkeit, nach Renteneintritt noch viele Jahre zu leben. Und genau darum geht es hierbei: alle Risiken zu bedenken und abzusichern.

Die private Rentenversicherung gewährt in ihrer Grundform keinen Todesfallschutz. Allerdings bieten viele Anbieter auch eine Koppelung mit Zusatztarifen (z. B. Berufsunfähigkeit oder Hinterbliebenenrente) an. Bei der Rentenversicherung unterscheidet man ebenfalls die Varianten klassisch und fondsgebunden. Insbesondere die Absicherung einer lebenslangen Rente hat den Gesetzgeber dazu bewogen, diese Form der Versicherung zu fördern und hat deshalb die Riester- und Rürup-Rente und auch die bAV-Durchführungswege auf diesem System aufgebaut.

Steuervorteile bei den Auszahlungen

Die klassische und fondsgebundene private Rentenversicherung ohne staatliche Förderung profitiert im Gegensatz zur Kapitallebensversicherung von einer lukrativen steuerlichen Vergünstigung – der so genannten Ertragsanteilsbesteuerung. Je nach Steuersatz in der Rentenphase kann damit die private Rentenversicherung sehr attraktiv sein. Gerade wohlhabende Rentner profitieren deshalb durch diese Form der Altersvorsorge.

Renteneintrittsalter	Ertragsanteil
58 Jahre	24 %
60 Jahre	22 %
62 Jahre	21 %
65 Jahre	18 %

Beispiel

Die ehemalige Führungskraft Horst Sommer, 65 Jahre, hat sich im Laufe seines Berufslebens umfangreiches Immobilien- und Wertpapiervermögen aufgebaut und ist seit seinem 63. Lebensjahr im Ruhestand. Sein persönlicher Steuersatz liegt derzeit bei 40 %. Zu seinem 65. Geburtstag wird eine vor langer Zeit abgeschlossene Rentenversicherung fällig. Die daraus resultierende Jahresrente in Höhe von 5 000 € wird mit einem Ertragsanteil von 18 % versteuert; das heißt, nur 900 € unterliegen schließlich seinem persönlichen Steuersatz. Es fallen also 360 € Steuern auf eine Rente von 5 000 € an.

Flexible Tarife

Ein großer Vorteil der privaten Rentenversicherung ist zudem die Flexibilität der Tarife. So kann der Sparer bei Bedarf zum Rentenbeginn auch eine Auszahlung des Gesamtvermögens erhalten. Einmalige Kapitalauszahlungen sind allerdings wie bei der Kapitallebensversicherung steuerpflichtig.

Für wen eignet sich die private Rentenversicherung?

Zielgruppe	
Berufsstarter und Single	●
Junges Paar ohne Kinder	●
Familie mit Kindern	●
„Ausgeflogene Familie"	●
Besserverdiener	●●
Beamte	●
Selbstständige	●●
Selbstständiger vor Rentenbeginn	●●
Freiberufler	●●
Hausfrauen und -männer	●●
Generation „60 plus"	●
Studierende	
Arbeitslose	●

●● = sehr empfehlenswert

● = kann zur Ergänzung sinnvoll sein

Kein Punkt = nicht empfehlenswert

Was ist für Sie als Arbeitnehmer am besten?

Sie sind fest angestellt und zahlen gesetzliche Rentenbeiträge? Wir analysieren Ihre Situation anhand zahlreicher Beispiele sowie Ihren Bedarf an zusätzlicher Altersvorsorge und helfen Ihnen bei der Entscheidung.

Im folgenden Kapitel zeigen wir Ihnen Altersvorsorge-Fahrpläne für

- Berufsstarter und junge Singles (S. 63 ff.),
- junge Paare ohne Kinder (S. 69 ff.),
- Familien mit Kindern (S. 74 ff.),
- Familien, deren Kinder schon aus dem Haus sind (S. 79 ff.),
- Besserverdiener (S. 83 ff.).

Überblick

Bei fest Angestellten gibt es erhebliche Unterschiede in Hinsicht auf Lebenssituation, finanzielle Mittel und Lebenserwartung. Deshalb haben wir die Gruppe „Arbeitnehmer" in folgende Gruppen unterteilt:

- Berufsstarter und junger Single: allein stehende Arbeitnehmer bis zum 30. Lebensjahr mit einem Bruttoeinkommen bis maximal 30 000 € im Jahr.
- Junges Paar ohne Kinder: jüngere Paare bis zum 45. Lebensjahr, die keine Kinder haben, und mit einem gemeinsamen Bruttoeinkommen bis maximal 60 000 € im Jahr, gesetzlich krankenversichert sind.
- Familie mit Kindern: Jüngere Paare bis zum 45. Lebensjahr mit einem bis vier Kindern.
- Ausgeflogene Familie: Ehepaare ab 45, die kinderlos sind oder deren Kinder bereits aus dem Haus sind und die nicht zu der Gruppe der Spitzenverdiener zählen, also mit einem gemeinsamen Bruttoeinkommen von maximal 100 000 € im Jahr.
- Besserverdiener und Geschäftsführende Gesellschafter (GGF) Personen, die – egal, ob verheiratet oder nicht – im Rentenalter voraussichtlich Beiträge in eine private Krankenversicherung einzahlen und nicht in die gesetzliche Kranken- und Pflegekasse, die das 50. Lebensjahr noch nicht überschritten haben und deren Bruttoeinkommen bei Ledigen mindestens 50 000 €, bei Verheirateten mindestens 100 000 € im Jahr beträgt.

Diese Tabelle gibt Ihnen einen Überblick über die besten Vorsorgeformen für Sie. Auf den folgenden Seiten erklären wir Ihnen dann die Details:

	Riester-Rente	Rürup-Rente	Investment	Priv. RV	bAV	Immobilie
Berufsstarter und junger Single	••		••	•	••	
Junges Paar ohne Kinder	••	••	••	•	•	•
Familie mit Kindern	••	•	••	•	•	••
Ausgeflogene Familie	••	•	•	•	•	••
Besserverdiener und GGF	••	•	••	••	••	••

•• = sehr empfehlenswert
• = zur Ergänzung sinnvoll
Kein Punkt = nicht empfehlenswert oder nicht möglich

Berufsstarter und junger Single

Die beiden Gruppen Berufsstarter und junge Singles stehen für allein stehende Arbeitnehmer bis zum 30. Lebensjahr mit einem Bruttoeinkommen bis maximal 30 000 €. Sie haben schon jetzt einen großen Vorteil – nämlich viel Zeit bis zum Rentenbeginn. Sie können sich durchaus ein erhöhtes Risikopotenzial erlauben und zum Beispiel große Anteile Ihrer Sparbeiträge in renditestarke Produkte investieren. Nutzen Sie diese Chance und starten Sie Ihre Altersvorsorge jetzt. Mit jedem verlorenen Jahr würden Sie bares Geld verschenken.

Unsere Empfehlungen

Zunächst ist zu prüfen, ob die existenziellen Risiken über eine private Versicherung ausreichend abgesichert sind. Beachten Sie bitte: Berufsstarter können in der Regel in den ersten fünf Jahren ihrer Berufstätigkeit im Falle einer Erwerbsunfähigkeit keinerlei Ansprüche an die gesetzliche Rentenversicherung stellen. Die Absicherung der Berufsunfähigkeit ist daher für Berufsanfänger besonders wichtig.

Zur Altersvorsorge bieten sich für Singles und Berufsstarter eine Reihe von Vorsorgeformen an. Unbedingt zu empfehlen sind:

- die Riester-Rente auf Fondsbasis,
- die betriebliche Altersversorgung (bei Arbeitgeber-Zuschuss),
- Investmentfondssparpläne.

Zur Ergänzung sinnvoll sind:

- die private (fondsgebundene) Rentenversicherung.

> Wichtig ist folgendes: Durch den Zeitfaktor kann auch mit kleinen Sparraten ein beachtliches Vermögen bis zum Rentenbeginn angespart werden.

Riester – erste Wahl durch Zulagen und Steuerersparnis

Die staatliche Förderung ist auch bei Alleinstehenden durch die Zulage und Steuerersparnis hoch. Wird die Riester-Rente auf Fondsbasis aufgebaut, also über einen Fondssparplan oder über eine fondsgebundene Riester-Rentenversicherung, können Sie bis zum Rentenbeginn beachtliche Renditen erreichen. Folgendes Beispiel zeigt auf, wie viel ein Berufsanfänger rausholen kann:

Beispiel

Lars Friedrich, ledig, 20 Jahre, beginnt seine berufliche Karriere als Programmierer mit einem Bruttoeinkommen von 20 000 € p. a. Angenommene Gehaltssteigerung 2 % p. a. Um die volle staatliche Förderung bei Riester zu erhalten, muss er ab dem Jahr 2008 4 % des Bruttoeinkommens, also 800 € in den fondsgebundenen Riester-Vertrag einzahlen. Dieser Beitrag setzt sich aus der staatlichen Grundzulage in Höhe von 154 € und seinem Eigenbeitrag in Höhe von 646 € zusammen. Zusätzlich erhält Lars noch eine Steuerersparnis aus dem Alterseinkünftegesetz in Höhe von 60 €. Erzielt der unterlegte Fonds über die gesamte Laufzeit bis zum Rentenbeginn eine Rendite von 7 % p. a., darf sich Lars über eine Gesamtrendite von 7,2 % p. a. und eine lebenslange monatliche Rente in Höhe von 1 897 € freuen. Berücksichtigt man die Inflation, entsprechen 1 681 € heute ca. 710 €. Damit kann er sich im Rentenalter mindestens schon mal die Miete leisten.

Das Gute an einer Riester-Rente ist, dass der Sparer den Vertrag auf seine aktuelle familiäre Situation jederzeit anpassen kann. Wenn Lars Friedrich heiratet und Kinder bekommt, wird Riester für ihn noch lukrativer.

Zahlt der Arbeitgeber dazu, ist die Betriebsrente vorzuziehen

Hat sich der Arbeitgeber allerdings bereit erklärt, Teile der betrieblichen Altersversorgung (bAV) für den Arbeitnehmer zu finanzieren, dann greifen Sie unbedingt zu. Zum Beispiel durch die Umwandlung der vermögenswirksamen Leistungen in bAV. Fragen Sie zuerst Ihren Arbeitgeber, welchen Durchführungsweg er anbietet.

Beispiel

Knut Friedrich, der Bruder von Lars, ist ebenfalls ledig, 26 Jahre alt und seit acht Jahren als Bankkaufmann angestellt. Er verdient Brutto 28 000 € im Jahr. Angenommene Gehaltssteigerung 2 % p. a. Sein Arbeitgeber, die Pfennigbank AG, bietet bAV über eine Direktversicherung an. Er bezuschusst 20 % der Beiträge. Knut Friedrich entscheidet sich, ab sofort 1 800 € p. a. in die Betriebsrente einzuzahlen, d.h. pro Monat 150 €. Darauf erhält er einen Arbeitgeber-Zuschuss von monatlich 30 €.

Vom eigenen Bruttobeitrag in Höhe von 150 € hat er noch eine Steuerersparnis von 50 € und eine Ersparnis der Sozialversicherung von 33 €, d.h. einen verbleibenden Nettobeitrag pro Monat von 67 €.

Die bAV führt also dazu, dass von einem Gesamtbeitrag in Höhe von 180 € der Arbeitnehmer lediglich 67 € selbst aufwenden muss. Das Ergebnis ist eine attraktive Rendite von 5,13 % p. a. über die gesamte Laufzeit. Zu beachten ist dabei, dass die Sozialversicherungsersparnis bei der Entgeltumwandlung nur noch bis Ende 2008 gewährt wird. Das heißt: Die Betriebsrente kann also bei einem Zuschuss des Arbeit-

Einfach! Praktisch!
Matthias Nöllke
Schlagfertig
Die 100 besten Tipps
10 Jahre
KLEIN
STARK
GELB
TaschenGuides
TaschenGuides
Alles, was
Sie wissen müssen!
Über 3 Mio.
verkaufte Exemplare
Das Original!
Haufe Mediengruppe...

Je TaschenGuide
nur € 6,90

Kommunikation

Briefe, Faxe, E-Mails	978-3-448-05550-4
Business English	978-3-448-07334-8
Gesprächstechniken	978-3-448-07286-0
Grüße und Glückwünsche **NEU!**	978-3-448-07911-1
Konflikte im Beruf	978-3-448-07824-4
Präsentieren	978-3-448-07864-0
Rhetorik	978-3-448-07330-0
Schlagfertig **NEU!**	978-3-448-07985-2

NEU!

Vom Geburtstag im Büro über Jubiläen und Beförderungen bis hin zur Hochzeit – hier gibt es Anregungen und Formulierungsvorschläge für alle, die Glückwünsche gern individuell und fantasievoll formulieren.

JUBILÄUMSBAND

Jubiläumsband: doppelter Umfang, gleicher Preis! Dieses Buch zeigt, wie Sie selbstbewusst und souverän kommunizieren. Lernen Sie, auch bei schwierigen Gesprächspartnern Ihre Emotionen im Griff zu haben und gekonnt zu parieren.

Marketing/Kommunikation

Sicherer Umgang mit dem Chef 978-3-448-07199-3
Schlagfertigkeit 978-3-448-07450-5
Small Talk 978-3-448-07748-3
Small Talk Englisch 978-3-448-07828-2
Telefonieren 978-3-448-07453-6

Businessplan 978-3-448-07306-5
Kundenakquise 978-3-448-07201-3
Marketing 978-3-448-07332-4
Verkaufen 978-3-448-07746-9

Ob Ich-AG oder mittelständischer Betrieb: Ohne Businessplan gibt es keinen Kredit. Lesen Sie, wie man potenzielle Geldgeber von seiner Idee überzeugt und welche Schritte bis zur Kreditbewilligung erforderlich sind.

Ihr Weg zum persönlichen Verkaufserfolg! Wie Sie Ihre Verkaufsgespräche optimal terminieren sowie vor- und nachbereiten. Sie lernen alles über sichere Argumentation und überzeugendes Auftreten.

Persönliche Fähigkeiten

Allgemeinwissen Schnelltest	978-3-448-07444-4
Ihre Ausstrahlung	978-3-448-07452-9
Business-Knigge **NEU!**	978-3-448-07984-5
Mit Druck richtig umgehen	978-3-448-07335-5
Emotionale Intelligenz **NEU!**	978-3-448-07909-8
Entscheidungen treffen	978-3-448-08113-8
Fitness für Beruf und Karriere	978-3-448-04700-4
Glück	978-3-448-07440-6
IQ-Tests	978-3-448-06544-2
Knigge fürs Ausland	978-3-448-07918-0
Knigge in Beruf und Karriere	978-3-448-07744-5
Körpersprache	978-3-448-07385-0
Kreativitätstechniken	978-3-448-07865-7

Jubiläumsband: doppelter Umfang, gleicher Preis! Machen Sie in jeder Situation eine gute Figur! Beruflicher Erfolg erfordert perfekte Umgangsformen – hier erfahren Sie, wie Ihr Auftritt auf dem Business-Parkett zu einem vollen Erfolg wird. Erscheint Juli 2007.

Durch hohe emotionale Kompetenz lassen sich Kundenbeziehungen, Teamarbeit und Mitarbeiterführung positiv beeinflussen. Lesen Sie alles über emotionale Intelligenz und lernen Sie, Ihre Gefühle zu steuern.

Persönliche Fähigkeiten

Schneller lesen	978-3-448-07974-6
Sich durchsetzen	978-3-448-07749-0
Manipulationstechniken	978-3-448-07747-6
Memory – Gedächtnistraining	978-3-448-07449-9
Mindmapping	978-3-448-07389-8
NLP **NEU!**	978-3-448-07908-1
Selbstmanagement	978-3-448-07282-2
Soft Skills	978-3-448-07198-6
Stress ade	978-3-448-07421-5
Verhandeln	978-3-448-07284-6
Yoga für Beruf und privat	978-3-448-06773-6
Zeitmanagement	978-3-448-07285-3

NEU!

Alles über das Erfolgsphänomen Neurolinguistisches Programmieren NLP! Dieser TaschenGuide zeigt Ihnen, wie NLP in der Kommunikation eingesetzt wird und welche Bedeutung es bei der Erreichung persönlicher Ziele spielt.

Wer beruflich stark ausgelastet ist, braucht ein gutes Zeitmanagement. Setzen Sie mithilfe einfacher Techniken die richtigen Schwerpunkte und optimieren Sie Ihre Arbeitsprozesse und -ergebnisse. Mit Tipps und Checklisten.

Der Betrieb in Zahlen

Balanced Scorecard 978-3-448-07976-0

Betriebswirtschaftliche Formelsammlung 978-3-448-07827-5

Bilanzen lesen 978-3-448-07331-7

Buchführung 978-3-448-08114-5

BWL Grundwissen 978-3-448-07384-3

Controlling-Instrumente 978-3-448-07916-6

Deckungsbeitragsrechnung 978-3-448-07917-3

Einnahmen-/Überschussrechnung 978-3-448-08073-5

Finanz- und Liquiditätsplanung **NEU!** ... 978-3-448-07910-4

Lernen Sie die wichtigsten Schritte der Buchführungspraxis. Wer muss Buchführung machen, was bedeutet doppelte Buchführung, wie wird gebucht, wie wird abgeschrieben? Alles verständlich und praxisnah erklärt.

Lesen Sie hier, warum eine gute Finanzplanung unentbehrlich ist und worauf Sie achten müssen. Lernen Sie die sieben Schritte zu einer vollständigen Planung sowie die wichtigsten Instrumente der Unternehmensplanung kennen.

Der Betrieb in Zahlen

IFRS	978-3-448-07111-5
Kaufmännisches Rechnen	978-3-448-07732-2
Kennzahlen	978-3-448-07382-9
Kontieren und buchen	978-3-448-08117-6
Kostenrechnung	978-3-448-07975-3
Kleine mathematische Formelsammlung	978-3-448-07197-9
Kleines Lexikon Rechnungswesen	978-3-448-07533-5
Qualitätsmanagement	978-3-448-07443-7

Welcher Geschäftsvorfall wird wie gebucht? Hier finden Sie die Lösungen zu den häufigsten Kontierungsproblemen! Zudem Kontierungstabellen, steuerliche Tipps sowie ein ausführliches Register. Mit den neuen Umsatzsteuersätzen.

Mathematik erleichtert das Leben – vorausgesetzt, man weiß sie anzuwenden. In diesem TaschenGuide sind die wichtigsten Formeln für Alltag und Beruf kompakt und nachvollziehbar zusammengestellt.

Mitarbeiter führen

Besprechungen	978-3-448-08206-7
Führungstechniken	978-3-448-07200-6
Management	978-3-448-07826-8
Managementbegriffe	978-3-448-07309-6
Die häufigsten Managementfehler	978-3-448-08184-8
Mitarbeitergespräche	978-3-448-07333-1
Moderation	978-3-448-06858-0
Motivation	978-3-448-08075-9
Projektmanagement	978-3-448-07745-2
Spiele für Workshops!	978-3-448-07216-7
Teams führen	978-3-448-07429-1

Was zeichnet eine gute Führungskraft aus? Welche Techniken muss sie beherrschen? Die besten Managementtechniken für die unterschiedlichsten Aufgaben. Leicht verständlich erklärt.

Lesen Sie, was Motivation ist, wie Sie Motivationsprobleme im Unternehmen erkennen und wie Sie sich selbst und Mitarbeiter motivieren können. Mit Checklisten und Arbeitsblättern setzen Sie Ihr Wissen in die Tat um.

Ihr Recht

Abmahnung und Kündigung – was tun?	978-3-448-07742-1
Antidiskriminierung	978-3-448-08089-6
Arbeitslosengeld II und Sozialhilfe	978-3-448-07308-9
Arbeitszeugnisse	978-3-448-07283-9
Bußgeldkatalog	978-3-448-07977-7
Elterngeld **NEU!**	978-3-448-08045-2
Elternunterhalt	978-3-448-08074-2
Die GmbH	978-3-448-07438-3
Hartz IV und Arbeitslosengeld II	978-3-448-08118-3

Alles zum neuen Gleichbehandlungsgesetz! Wen es betrifft und in welchen Bereichen es sich auswirkt, wer vor Diskriminierung geschützt wird und was benachteiligend ist. Was müssen Arbeitgeber tun und Vermieter berücksichtigen.

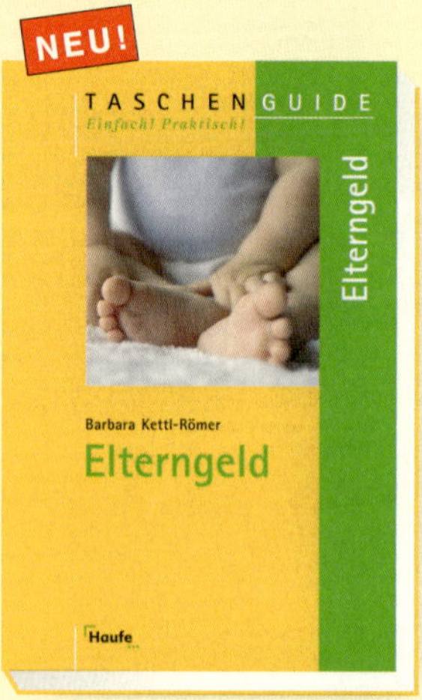

Wieviel bekommen Sie? Dürfen Sie Teilzeit arbeiten? Wie funktioniert die Einkommensermittlung? Dieser TaschenGuide informiert Sie über die neue Einkommensersatzleistung des Staates inklusive den Auswirkungen auf die Rente.

TaschenGuide *Trainer*

Betriebswirtschaftl. Formeln *Trainer*	978-3-448-07203-7
Betriebswirtschaftliches Rechnen mit Excel *Trainer*	978-3-448-07442-0
Bilanzen *Trainer*	978-3-448-05973-1
Buchführung *Trainer*	978-3-448-08115-2
Business English *Trainer*	978-3-448-07388-1
BWL-Grundwissen *Trainer*	978-3-448-07230-3
Controlling *Trainer*	978-3-448-06542-8
Gedächtnis *Trainer*	978-3-448-07441-3
Kaufmännisches Rechnen *Trainer*	978-3-448-07454-3
Kostenrechnung *Trainer* **NEU!**	978-3-448-07903-6

Strategien für ein besseres Gedächtnis! Wie man sich Namen, Gesichter, Zahlen, Telefonnummern, Einkaufslisten und Termine besser merken und auch behalten kann, können Sie mit diesem Trainer-Buch jetzt üben.

Hier werden Sie in alle Bereiche der Kostenrechnung eingeführt: Kostenartenrechnung, Kostenstellenerrechnung, Teilkostenrechnung, Plankostenrechnung. Mit über 50 Übungen und Lösungshinweisen im Buch und auf CD-ROM.

gebers sehr lukrativ sein und die Vorteile der Riester-Rente übertreffen.

Investmentfonds: viel Zeit ist viel Geld!

Junge Menschen haben die idealen Voraussetzungen für die Geldanlage in Investmentfonds. Dies gilt bei der Altersvorsorge insbesondere für die Aktienfonds. Wenn Sie frühzeitig mit dem Besparen eines Fondssparplans beginnen, wirkt sich der Zinseszins-Effekt optimal aus. Sogar von Kursschwankungen profitieren Sie, denn Ihre Sparrate bleibt gleich und selbst hohe Schwankungen wirken sich langfristig positiv auf die Durchschnittspreisbildung aus.

Beispiel

Die Mutter der beiden Friedrich-Brüder, Susanne, ist heute 55 Jahre alt. Sie hat vor 40 Jahren mit ihrer Ausbildung zur Bürokauffrau begonnen. Da sie damals noch zu Hause wohnte, konnte sie von ihrem kargen Lehrlingsgehalt trotzdem umgerechnet 25 € monatlich zur Seite legen. Glücklicherweise hatte sie einen Onkel, der ihr den Aktienfonds Templeton Growth Fund empfahl. Nach 40 Jahren kann sie sich über ein Vermögen in Höhe von ca. 370 000 € freuen. Eingezahlt hatte sie lediglich 12 000 €.

Ihr Altersvorsorge-Fahrplan

- Berufsanfänger und Singles mit einem Einkommen bis zu 30 000 € p. a. sind mit der Riester-Rente auf Fondsbasis gut beraten. Sie sollten sich daher möglichst bald um den Abschluss einer fondsunterlegten Riester-Rente kümmern. Je früher, desto eher profitieren Sie von der attraktiven Zulage.

- Beteiligt sich der Arbeitgeber an der Betriebsrente über Zuschüsse oder auch die Umwandlung der vermögenswirksamen Leistungen, sollte diese an erster Stelle stehen oder Riester ergänzen. Beide Formen passen gut zueinander. Fragen Sie deshalb frühzeitig bei Ihrer Personalabteilung nach, ob sich Ihr Arbeitgeber an der Altersvorsorge beteiligt. Falls nicht, greifen Sie neben Riester auf die nachfolgende Alternativen zurück.
- Bleibt für die Altersvorsorge noch etwas übrig, sollten Sie in einen Aktienfondssparplan investieren. Dieser lässt über den langen Zeitraum eine hohe Rendite erwarten und Sie sind damit jederzeit flexibel. Aktienfonds können Sie über Ihren Bankberater oder auch über eine Direktbank beziehen.

Aufwand – Ertrag

So sieht es dann konkret aus, wenn unser Prototyp des Berufstarters und jungen Singles, diese drei Formen der Altersvorsorge maximal nutzt:

Beispiel

Er müsste bei seinem Einkommen von 28 000 € im Jahr für Riester einen Jahresbeitrag von 1 120 € leisten. Für die bAV investiert er 2 400 € Gesamtbeitrag p. a. und für den Fonds legt er noch mal 600 € p. a. oben drauf. Dies ergibt netto nach Abzug der Riester-Förderung, der Steuer-Ersparnis aus der bAV und der Steuer-Ersparnis aus dem Alterseinkünftegesetz einen Realbeitrag von nur noch 2 244 € im Jahr, also ca. 8 % vom Bruttoeinkommen. Mit den effektiv aufgewendeten 187 € pro Monat baut sich unser junger Single ein schönes Polster für die Zukunft auf.

Junges Paar ohne Kinder

Bei den folgenden Empfehlungen gehen wir von einem gemeinsamen Gehalt in Höhe von höchstens 60 000 € und einer gesetzlichen Krankenversicherung aus. Für kinderlose Ehepaare ist es sehr wichtig, sich intensiv mit dem Thema Altersvorsorge zu befassen, da sie im Zweifel mit keiner Unterstützung im Alter durch Dritte wie z. B. Kinder rechnen können. Eventuell haben junge Paare aber auch noch einen Kinderwunsch und sollten deshalb die kinderlose Zeit nutzen, um als Doppelverdiener für das Alter vorzusorgen.

Unsere Empfehlungen

Das wohl größte Risiko, das für junge Paare abgedeckt werden muss, ist das Risiko, im hohen Alter niemanden zu haben, der für einen sorgt. Somit heißt es, eine solide Altersvorsorge aufzubauen. Das Berufsunfähigkeitsrisiko und der Hinterbliebenenschutz spielen bei kinderlosen Paaren eine weniger große Rolle, da i. d. R. beide berufstätig sein können und daher das Einkommen nicht von einer Person abhängt. Nach Abwägung der Ziele und Wünsche sind zu empfehlen:

- die Riester-Rente,
- die Rürup-Rente und
- Investmentfonds.

Zur Ergänzung sind sinnvoll:

- betriebliche Altersversorgung (bei Zuschuss des Arbeitgebers zu empfehlen),

- die eigen genutzte Immobilie (wg. Mobilität) und
- die private Rentenversicherung.

Bitte beachten Sie: Durch die neuen steuerlichen Regelungen haben Sie eine nicht unbeachtliche Steuerersparnis, die im Durchschnitt bis zu 180 € im Monat betragen kann (vgl. dazu Seite 16). Dieser Betrag sollte unbedingt für die Altersvorsorge verwendet werden.

Die Riester-Rente – eine gute Empfehlung

Allgemein herrscht der Irrglaube, die Riester-Rente sei nur für kinderreiche Familien ratsam. Doch gibt es auch für kinderlose Paare eine gute Riester-Förderung.

Beispiel

Das kinderlose Paar Johanna (28) und Johann (30) sind beide als Arbeitnehmer berufstätig. Sie haben je einen Riestervertrag und verdienten im Jahr 2006 ein sozialversicherungspflichtiges Einkommen von 20 000 € (er) bzw. 30 000 € (sie). Demnach muss er in 2007 einen Gesamtbeitrag von 3 % entspricht 600 € und sie von 900 € zahlen. Davon geht jeweils die staatliche Zulage in Höhe von 114 € weg, d. h. er zahlt 486 € und sie 786 € selbst. Darüber hinaus gibt es noch eine gemeinsame Steuerersparnis in Höhe von 243 €, die direkt vom Finanzamt auf das Girokonto des jungen Paares gezahlt werden. Berücksichtigt man die gesamte staatliche Förderung bis zum Rentenbeginn - das sind ca. 30 000 € - so kommt man auf eine Nachsteuerrendite in Höhe von 4,3 % und zwar unter Berücksichtigung der 100 %-igen Besteuerung der Riesterrente im Alter.

Liegt das gemeinsame Bruttogehalt zwischen 20 000 € und 80 000 € p. a. so bewegt sich die Nachsteuerrendite zwischen 4,3 % und 5,0 %. Dabei sind wir von einem konservativen Riester-Produkt wie z. B. einer privaten Rentenversicherung oder einem Banksparplan ausgegangen. Bei Fonds oder fondsgebundenen Rentenversicherung kann die Rendite entsprechend höher sein – natürlich bei höherem Risiko.

Die Rürup-Rente – durchaus sinnvoll

Die Rürup-Rente ist weitaus besser als ihr Ruf. Gerade für Sie als Ehepaar ohne Kinder kann sie attraktiv sein. Allerdings muss Ihnen klar sein, dass Sie bei diesem Produkt auf die Vererbbarkeit der eingezahlten Beiträge verzichten müssen, d. h. Sie legen dieses Geld wirklich nur für sich an – selbst Ihr Ehepartner geht im Todesfall leer aus.

> Es gibt zwar Rürup-Produkte mit Hinterbliebenenschutz auf dem Markt, aber dies ist nicht selbstverständlich. Deshalb müssen Sie hier bei Ihrem Berater nachfragen.

Steht der Hinterbliebenenschutz nicht im Fokus, kann die Rürup-Rente mit echten Renditevorteilen aufwarten. Aufgrund der steuerlichen Vergünstigung - in 2007 können bereits 64 % der Rürup-Beiträge steuerlich abgesetzt werden - sind Nachsteuer-Renditen über 4 % möglich. Und dies bei einer konservativen Produktanlage, die auch ein langes Leben finanziell absichert. Allerdings hängt dies sehr stark von Ihrem gemeinsamen Einkommen ab. Im Gegensatz zur Riester-Rente, bei der Sie auch bei geringerem Einkommen noch eine hohe Rendite erreichen, ist die Rürup-Rente umso rentabler je mehr Sie verdienen:

Gemeinsames Gehalt in € p .a.	20 000	30 000	40 000	50 000	60 000
Nachsteuer-rendite	3,5 %	4,2 %	4,4 %	4,5 %	4,6 %

Wir haben ein konservatives Rürup-Produkt als Grundlage angenommen. Verdienen Sie mehr, finden Sie unsere Empfehlungen ab Seite 83. Falls Sie jedoch risikofreudiger sind, sind für Sie die Investmentfonds zu empfehlen.

Investmentfonds – die Chancen suchen

Bei den Investmentfonds - insbesondere bei den Aktienfonds - erhalten Sie keine staatliche Förderung, dafür haben Sie gute Renditechancen. Die lange Laufzeit bis zum Rentenbeginn vermindert das Risiko dieser Anlageform noch etwas. Deshalb und weil die Investmentfonds im Vergleich zu den staatlich geförderten Produkten eine wesentlich bessere Flexibilität besitzen (z. B. beliebige Beitragshöhe, Verfügbarkeit vor dem 60. Lebensjahr, Vererbbarkeit möglich) ist diese Produktform auf jeden Fall auch empfehlenswert.

Ihr Altersvorsorge-Fahrplan

- Die staatlich geförderten Produkte der Riester-Rente und der Rürup-Rente stellen zusammen mit den Investmentfonds empfehlenswerte Varianten der Altersvorsorge für Sie als junges Ehepaar dar. Wenn Sie beide einen Riestervertrag abschließen, erhalten Sie auch beide die Grundzulage in Höhe von 114 € p. a. (ab dem Jahr 2008 sogar 154 €). Darüber hinaus kann es auch zu einer beachtlichen Steuererstattung kommen. Je höher Ihr Einkommen, umso interessanter werden sowohl Riester- als auch die Rürup-Rente für Sie.

- In welcher Höhe Sie nun in den einzelnen Versorgungsweg investieren hängt ganz von Ihrer Anlegermentalität ab – sind Sie eher sicherheitsorientiert, dann sollten Sie mehr in die staatlich geförderten Produkte bzw. in Rentenfonds investieren. Riester besparen Sie i. d. R. mit maximal ca. 150 € pro Monat. Was darüber hinausgeht, sollten Sie als risikobewusster Sparer in eine Rürup-Rentenversicherung oder in eine private Rentenversicherung investieren. Ihr persönlicher Finanzberater berechnet Ihnen, wie die einzelnen Sparraten optimal aussehen.
- Schätzen Sie jedoch das Risiko, sollte ein größerer Anteil Ihres Sparvolumens in einen Aktienfonds fließen. Dazu sollten Sie zunächst Ihr persönliches Risikoprofil ermitteln und erst dann den oder die passenden Aktienfonds auswählen. Sowohl Ihr persönlicher Bankberater als auch Onlinebanken bieten dabei Unterstützung an.

Aufwand – Ertrag

Für unser Paar Johanna und Johann steht fest, dass sie ihr Leben ohne Kinder genießen möchten und sie wollen nun ihre Altersvorsorge auf gesunde Beine stellen. Ihr Gesamteinkommen von 50.000 € (ergibt netto ca. 32.000 €) sollte dazu Möglichkeiten bieten.

Beispiel

Beide haben nach Lektüre dieser Zeilen einen Riestervertrag abgeschlossen und wollen diese Zulagen optimiert besparen. Dies sind nach Abzug der staatlichen Förderung 104 € im Monat für Johann und 37 € für Johanna. Dazu schließt Johanna, die das Risiko etwas scheut, eine Rürup-Rentenversicherung mit einem

Monatsbeitrag von 200 € ab. Johann, genannt Joe, liebt dagegen das Risiko und investiert mit 300 € pro Monat in einen Aktienfonds. Mit der Investition von ca. 640 € monatlich schließen sie ihre vom Berater ermittelte Versorgungslücke nahezu vollständig und beide haben ein gutes Gefühl.

Die Familie mit Kindern

Familien mit mindestens einem Kind haben im Allgemeinen einige Zeit auf das zweite Einkommen des erziehenden Elternteils verzichtet. Umso wichtiger ist es, dass das verfügbare Einkommen sinnvoll und optimal für den eigenen Ruhestand angelegt wird.

Unsere Empfehlungen

Bevor an den Aufbau der Altersvorsorge gedacht wird, ist zu klären, ob die größten Risiken abgedeckt sind. Dies sind vor allem die Absicherung der Berufsunfähigkeit des Versorgers sowie bei Darlehensverpflichtungen eine entsprechend hohe Todesfallabsicherung. Der Versicherungsbedarf bei Familien ist groß. Bleibt etwas für den Vermögensaufbau übrig, sollten nach Abwägung der Ziele und Wünsche folgende Vorsorgeformen gewählt werden. Unbedingt zu empfehlen:

- die Riester-Rente,
- die eigengenutzte Immobilie und
- Investmentfonds.

Zur Ergänzung geeignet:

- die private Rentenversicherung,
- die betriebliche Altersversorgung und
- die Rürup-Rente.

Durch die steuerlichen Regelungen haben Sie eine nicht unbeachtliche Steuerersparnis, die im Durchschnitt bis zu 170 € im Monat betragen kann. Diesen Betrag sollten Sie unbedingt für die Altersvorsorge verwenden.

Riester – bei Familien unschlagbar!

Bei Familien mit einem und mehr Kindern steht die Riester-Rente immer klar an erster Stelle. Schließlich ist die staatliche Förderung hoch und die Renditen sind auch bei kleineren Beiträgen kaum zu schlagen, wie die folgende Tabelle zeigt. Die so genannte Förderquote besagt dabei, welchen Anteil des Gesamtbeitrages der Staat für die Familie übernimmt.

Einkommen	Gesamt-Beitrag	Grundzulage	Kinderzulage	Eigenaufwand	Rendite nach Steuern	Förderquote
15 000	738	308	370	60[2]	7,3 %	91,9 %
20 000	800	308	370	122	5,9 %	84,7 %
25 000	1 000	308	370	322	5,1 %	67,8 %
30 000	1 200	308	370	522	4,9 %	56,5 %
40 000	1 600	308	370	922	4,7 %	42,4 %
50 000	2 000	308	370	1 322	4,6 %	33,9 %
75 000	2 100[1]	308	370	1 344	4,7 %	36,0 %

Angaben in €/Jahr; [1] Max. Festbetrag; [2] Sockelbetrag

Folgende Beispiele zeigen auf, wie viel eine vierköpfige Familie bei Riester rausholen kann:

Beispiel

Familie, zwei Kinder, ein rentenversicherungspflichtiges Einkommen von 20 000 €, Gehaltssteigerung 2 % p. a. Die Familie müsste also für einen Sparbeitrag in Höhe von 800 € p. a. lediglich 122 € p. a. oder etwas über 10 € im Monat selbst aufbringen. Die Rendite für einen Riestervertrag würden demnach 5,9 % p. a. für die gesamte Laufzeit betragen.

Würde z. B. unsere Familie mit 30 000 € Einkommen die Maximalförderung bei Riester in Anspruch nehmen, hätte sie bei einem Jahresbeitrag von anfänglich 1 200 € nach Abzug der Riester-Förderung und der Steuer-Ersparnis aus dem Alterseinkünftegesetz einen Realbeitrag von im Durchschnitt nur noch 492 € zu leisten. Dieser Betrag ergibt sich nach Abzug der beiden Grundzulagen (308 € ab dem Jahr 2008) und den Kinderzulagen im Durchschnitt über die gesamte Laufzeit sowie der Steuer-Ersparnis aus den Rentenversicherungsbeiträgen in Höhe von durchschnittlich 435 € p. a.

Die eigenen vier Wände: absolut erstrebenswert!

Gerade für Familien mit Kindern sollten die eigenen vier Wände ein erstrebenswertes Ziel der Lebensplanung sein. Die eigene Immobilie stellt eine der attraktivsten Formen der Altersvorsorge überhaupt dar. So machen Sie sich auf Dauer unabhängig von der allgemeinen Mietpreisentwicklung und profitieren möglicherweise noch von der Wertsteigerung der Immobilie. Ausschlaggebend ist natürlich immer die Lage des Objektes. Sinken z. B. in Ostdeutschland seit 1994 die Preise der Immobilien stetig, haben wir in Westdeutschland nach wie vor einen leichten Preisanstieg nach oben.

In der Regel sollten zum Rentenbeginn sämtliche Finanzierungsbelastungen einer Immobilie getilgt sein und damit das Renteneinkommen nicht mehr durch Mietausgaben belastet werden.

Zeit für den Aktienfonds

Entscheidet man sich statt der eigenen Immobilie doch für den Vermögensaufbau oder bleibt neben Riester und der Finanzierung des Eigenheims tatsächlich noch etwas Geld übrig, so ist auch bei der jungen Familie der Aktienfonds als Vorsorgeform sehr zu empfehlen. Grund dafür ist die bereits beschriebene lange Laufzeit eines Fondssparplans und damit das geringe Risiko gepaart mit einer hohen Chance auf Rendite. Übrigens: Nicht nur für die Eltern ist der Aktienfonds zu empfehlen. Sogar für Neugeborene kann ein Fondssparplan eingerichtet werden. Die regelmäßigen Sparraten können dann – selbst bei einer durchschnittlichen Performance – die Ausbildungskosten des Kindes decken. Kommen die Kinder dann in die Ausbildungsphase, können die Eltern wieder mehr Geld in die eigene Altersvorsorge investieren.

Beispiel

Das Ehepaar Bäcker hatte für ihren 1988 geborenen Sohn Boris bei Geburt einen Sparvertrag über 50 € monatlich eröffnet. Ihr Berater bei der Hausbank empfahl ihnen sinnvollerweise einen international investierenden Aktienfondssparplan. Die Performance dieses Fonds betrug vom 1.12.1988 bis zum 30.11.2006 p. a. 8,5 %. Pünktlich zum 1.12.2006 und damit kurz vor Boris' 18. Geburtstag hat Herr Bäcker den Fonds verkauft und das gesamte Geld in Höhe von ca. 24 600 € sicher angelegt. Damit kann er die Kosten für das gesamte Studium seines Sohnes abdecken und zusätzlich die Startinvestition für die Zukunft leisten.

Ihr Altersvorsorge-Fahrplan

- Die staatlich geförderte Riester-Rente ist bei der Familie mit Kindern ein absolutes Muss! Die Rendite ist unschlagbar und je nach Anzahl der Kinder bzw. Höhe des Einkommens beteiligt sich der Staat an der Sparrate mit einer Quote zwischen 30 % und 90 %. Für Sie führt daher der erste Weg zum Bank- oder Finanzberater, um den Abschluss eines Riestervertrags umzusetzen. Alternativ sollten Sie sich auch bei Direktbanken und -Versicherungen über deren Angebot an Riester-Verträgen informieren. Wichtig ist nur, dass Ihnen der Anbieter den optimalen Beitrag errechnet. Im Kapitel Riester finden Sie die notwendigen Informationen, um Ihren Beitrag zu berechnen.
- Daneben bietet sich die eigen genutzte Immobilie bei keiner Personengruppe besser an. Allerdings sollte bereits ein Grundvermögen vorhanden sein. Machen Sie gleich einen Kassensturz, zählen Sie Ihr Eigenkapital zusammen: Erreichen Sie ca. 20 % der Anschaffungskosten einer geeigneten Immobilie, dann führt der nächste Schritt zur Bank für eine Baufinanzierungsberatung.
- Bleibt danach noch etwas Geld übrig, kann die junge Familie immer von den langen Laufzeiten eines Aktiensparplans profitieren. Hier spielt natürlich auch Ihre Anlegermentalität eine große Rolle. Machen Sie den Test bei Ihrer Hausbank oder bei dem Berater Ihres Vertrauens. Dieser wird Ihnen gerne aufzeigen, welcher Anlegertyp Sie sind.

Aufwand – Ertrag

Unsere Familie hat erkannt, dass sie den Wunsch nach der eigenen Immobilie noch nicht erreichen kann. Aber den Weg dahin möchte sie mit den beiden oben erwähnten Sparformen bestreiten:

Beispiel

Emil Häuslebauer, 38 Jahre und seine Frau Silvia, 36 haben zwei Kinder, vier und sechs Jahre. Sie ist derzeit Hausfrau und er hat ein Jahreseinkommen von 38 000 €. Seinen Riestervertrag bespart er ab dem Jahr 2008 mit einem Beitrag von 1 520 € p. a. (4 % seines Einkommens). Diese muss er aber nicht komplett einzahlen, da davon die Zulagen in Höhe von 678 € abgezogen werden können. Er zahlt also nur 846 €. Daneben bespart seine Ehefrau einen eigenen Vertrag, der nur mit der Zulage von 154 € vom Staat bezahlt wird. Um das Eigenkapital für das Eigenheim aufzubringen, besparen sie zusätzlich drei verschiedene Aktienfonds mit jeweils 100 € pro Monat. Insgesamt müssen die Häuslebauers für die Altersvorsorge also 4 446 € im Jahr oder 370 € pro Monat aufwenden. Damit sollten sie in einigen Jahren den Schritt zur eigenen Immobilie erlauben können.

Die „ausgeflogene Familie"

Ehepaaren ab 45, deren Kinder bereits aus dem Haus oder die kinderlos sind und die nicht zu den Spitzenverdienern zählen, steht deutlich weniger Zeit für die Altersversorgung zur Verfügung als Berufsstartern und jungen Familien. Sie werden im Rentenalter voraussichtlich Beiträge zur gesetzlichen Kranken- und Pflegeversicherung zahlen und ihr Steuersatz dürfte im Rentenalter über 30 % nicht hinausgehen. Der „ausgeflogene Familie" unterstellen wir ein Gesamteinkommen von maximal 100 000 € p. a.

Unsere Empfehlungen

Neben der Abdeckung der Altersvorsorge könnten das Invaliditätsrisiko und teilweise auch der Hinterbliebenenschutz noch eine Rolle spielen. Allerdings ist die Abdeckung des Risikos der Berufsunfähigkeit i. d. R. nicht mehr vorrangig, da die Kinder bereits versorgt sind und die Zeit bis zum Ruhestandsbeginn meistens überbrückt werden kann. Priorität hat in unserer Betrachtung der Beginn bzw. der notwendige Ausbau der Altersvorsorge, da die Zeit für einen Vermögensaufbau nicht mehr ausreichen könnte und dadurch nicht mehr finanzierbar wäre. Nach Abwägung der Ziele und Wünsche sollten daher folgende Vorsorgeformen gewählt werden.

Unbedingt zu empfehlen:

- die Riester-Rente und
- die Immobilie bzw. deren Sanierung.

Zur Ergänzung sinnvoll:

- die betriebliche Altersversorgung (bAV),
- die Rürup-Rente,
- Investmentfonds und
- die private Rentenversicherung.

> Durch die steuerlichen Regelungen haben Sie eine nicht unbeachtliche Steuerersparnis, die im Durchschnitt bis zu 180 € im Monat betragen kann. Diesen Betrag sollten Sie unbedingt für die Altersvorsorge verwenden.

Riester-Versorgung hat Priorität

Die betriebliche Altersversorgung ist aufgrund der Belastung ihrer späteren Leistungen mit Kranken- und Pflegeversicherungsbeiträgen deutlich schlechter als die Riester-Versorgung. Daher ist die Riester-Rente für Sie erste Wahl, sie erwirtschaftet durch die staatliche Förderung (Zulage plus Steuerersparnis) konkurrenzlos hohe Renditen ohne Risiko. Nutzen Sie diese Möglichkeiten. Sicherheitsorientierte Anleger sollten den Banksparplan wählen. Bei mittlerer Risikoeinstellung empfiehlt sich die Riester-Rentenversicherung.

Beispiel

Gabi und Christobal Schanz sind beide 52 Jahre alt und berufstätig. Sie erzielen ein Gesamteinkommen von 65 000 €. Die Kinder sind aus dem Haus und haben ihre eigenen Familien gegründet. Herr Schanz hat gelesen, dass der Staat Riester-Sparer großzügig fördert. Da er sich mit Aktien bereits einmal die Finger verbrannt hat, schließt er bei seiner Direktbank einen Riester-Banksparplan für sich und seine Frau ab und zahlt die steuerlich maximal möglichen Beiträge in Höhe von 262,50 € (ab 2008 350 €) pro Monat auf die beiden Verträge ein. Davon kann jeweils noch die Zulage abgezogen werden.

Zahlt der Arbeitgeber dazu, ist die Betriebsrente vorzuziehen

Hat sich der Arbeitgeber bereit erklärt, Teile der bAV für den Arbeitnehmer zu finanzieren und gewährt die bAV attraktive Rabatte, ist die bAV häufig besser als die Riester-Versorgung. Direktversicherung und Pensionskassen sollten im Vordergrund stehen, wenn der Arbeitgeber diese Durchführungswege anbietet.

Immobilie – die Energierente ausschöpfen

Nach Ausschöpfung der staatlich geförderten Vorsorge bietet sich für die „ausgeflogene Familie" als erstes die selbst genutzte Immobilie an. Begründung:

Personen dieser Altersgruppe sind i. d. R. sesshaft. Ein Wechsel an einen weit entfernten Standort ist weniger wahrscheinlich. Die selbst genutzte Immobilie kann nun ihre Vorteile bei der Altersvorsorge voll ausspielen. Auch bleibt die Mietersparnis, die Rente aus Stein, unbesteuert, was in Zeiten zunehmender Steuersätze auf Rentenleistungen ein großer Vorteil ist. Schließlich stellt die Immobilie bei späterem Umzug in ein Seniorenheim eine eiserne Reserve oder bei Schenkung/Vererbung an Kinder wichtige Generationenvorsorge dar.

Ihr Altersvorsorge-Fahrplan

- Für Mitglieder der „ausgeflogenen Familie" steht die Riester-Versorgung an erster Stelle, es sei denn die betriebliche Altersversorgung wäre aufgrund von Rabatten und Arbeitgeberzuschüssen besser.
- Ist eine selbst genutzte Immobilie noch nicht vorhanden, sollte der Bau bzw. Erwerb einer solchen ins Auge gefasst werden. Dazu ist ein Kassensturz notwendig, um festzustellen, ob Sie mindestens 20 % aus Eigenkapital finanzieren können. Ist das der Fall, sollten Sie ein Gespräch mit Ihrer Hausbank suchen und sich im Vorfeld über die derzeitigen Finanzierungskonditionen informieren.

Besserverdiener

Ob verheiratet oder ledig, in diese Gruppe fallen alle, die im Rentenalter voraussichtlich Beiträge in eine private Krankenversicherung einzahlen und nicht in die gesetzliche Kranken- und Pflegekasse, die das 50. Lebensjahr noch nicht überschritten haben und deren Bruttoeinkommen auf hohem Niveau liegt. Für Ledige bedeutet dies ein Einkommen von mindestens 50 000 € (Verheiratete 100 000 €) im Jahr. Für diese Gruppe gibt es eine Besonderheit: Fast alle der hier untersuchten Vorsorgeformen sind empfehlenswert. Doch wenn Sie wirklich alle Möglichkeiten in Anspruch nehmen wollten, erreichen auch Sie die Grenze Ihrer finanziellen Belastbarkeit. Für Sie ist besonders wichtig, in einem ersten Schritt Ihre Versorgungslücke festzustellen und im zweiten Schritte die einzelnen Vorsorgeformen nach der Rangfolge ihrer Effizienz aufzuteilen.

Unsere Empfehlungen

Neben der Abdeckung der Altersvorsorge spielen bei Besserverdienern das Invaliditätsrisiko und der Hinterbliebenenschutz eine große Rolle. Die Absicherung des Erworbenen hat Priorität. Gleichzeitig sollten Sie Ihre Altersvorsorge ausbauen solange sie noch finanzierbar ist.

Die Abdeckung des Invaliditäts- und des Todesfallrisikos kann durch Zusatzversicherungen erfolgen. Ihre Berufsunfähigkeits- oder Erwerbsminderungsversicherungen sollten Sie besser nicht in die staatlich geförderten Wege (bAV, Riester-

und Rürup-Rente) integrieren, da die Leistungen daraus der vollen Steuerpflicht unterliegen, selbst wenn lediglich ein einziger Beitrag gezahlt wurde. Bei Rürup-Rente und bAV hingegen macht die Integration einer Hinterbliebenenversorgung Sinn: so gehen, die Beiträge im Todesfall nicht verloren. Nach Abwägung der Ziele und Wünsche sollten daher folgende Vorsorgeformen gewählt werden:

- die betriebliche Altersversorgung (bAV),
- die Riester-Rente,
- die Immobilie bzw. deren Sanierung,
- Investmentfonds und
- die private Rentenversicherung.

Zur Ergänzung sinnvoll:

- die Rürup-Rente.

Durch die steuerlichen Regelungen haben Sie eine nicht unbeachtliche Steuerersparnis, die im Durchschnitt bis zu 170 € im Monat betragen kann. Diesen Betrag sollten Sie unbedingt für die Altersvorsorge verwenden.

Betriebliche Altersversorgung an Nummer eins

Bevor Sie sich chancen-, aber auch gleichzeitig risikoreichen Vorsorgeformen, wie z. B. Aktienfonds, zuwenden, schöpfen Sie staatlich geförderte Wege aus, die eine hohe Rendite mit Garantieleistung gewähren. Hier steht die bAV an erster Stelle; ihre Leistungen sind bei der Zielgruppe der Besserverdiener annahmegemäß nicht mit Beiträgen zur gesetzlichen Kranken- und Pflegeversicherung belastet. Die Wirkungen auf der Sozialabgabenseite sind dadurch nicht schlechter als bei der Riester- und Rürup-Versorgung, die steuerlichen teilweise besser. Darüber hinaus bewirken Rabatte, eventuell auch Arbeitgeberzuschüsse, den klaren Vorzug der bAV.

Beispiel

Gerd Groß (45), verheiratet, Bruttoeinkommen 150 000 €, erwägt, eine Entgeltumwandlung bei seinem Arbeitgeber über eine Pensionskasse zu machen, in die Riester-Versorgung einzuzahlen, eine Rürup-Rente oder/und eine private Rentenversicherung abzuschließen. Er rechnet für sein Rentenalter mit einem relevanten Steuersatz von 30 %. Inklusive aller steuerlichen Wirkungen bringt ihm die bAV eine Rendite von 5,36 %, die Riester-Rente von 5,23 %, die Rürup-Versorgung von 5,07 % und die private Rentenversicherung von 3,86 %.

Ermöglicht der Arbeitgeber die Entgeltumwandlung über eine Unterstützungskasse oder Direktzusage, ergeben sich noch höhere Renditen, da der steuerliche Versorgungs-Freibetrag Zusatzvorteile erschließt (Voraussetzung: Rentenbeginn vor 2040). Beide Durchführungswege schreiben außerdem keine steuerliche Höchstgrenze für den Beitrag vor, sodass beliebig viel Volumen über die bAV abgedeckt werden kann. Allerdings ermöglichen Unterstützungskassen und Direktzusagen eine Mitnahme und Fortführung der Versorgung bei vorzeitigem Ausscheiden aus dem Arbeitsverhältnis nicht. Der bis zu Ausscheiden erreichte Wert wird eingefroren und gelangt ab Rentenbeginn zur Auszahlung. Stört den Arbeitnehmer dieses Problem oder bietet der Arbeitgeber die Unterstützungskasse bzw. Direktzusage nicht an, bleiben lediglich Direktversicherung, Pensionskasse oder Pensionsfonds übrig. Mehr als

4 320 € p. a. (bezogen auf 2007) können dann steuermindernd nicht eingezahlt werden.

Riester-Versorgung füllt die Lücke

Bei Vereinbarung einer Direktversicherung, Pensionskasse oder eines Pensionsfonds ist die Versorgungslücke eines Besserverdieners regelmäßig noch nicht geschlossen. Hier sollte als zweites die Riester-Versorgung ausgeschöpft werden (vgl. das Beispiel des Gerd Groß im vorangegangenen Kapitel). Risikofreudige Besserverdiener sollten den Riester-Fondssparplan wählen - Risikoscheue den Banksparplan. Bei mittlerer Risikoeinstellung empfiehlt sich die Riester-Versicherung.

Private Rentenversicherung – manchmal effizienter

In wenigen Fällen ist die private Rentenversicherung ohne staatliche Förderung effizienter als bAV oder Riester und zwar dann, wenn der Steuersatz im Rentenalter ca. 90 % des Steuersatzes in der Beitragsphase übersteigt.

Beispiel

Gerd Groß aus dem obigen Beispiel hat gegenwärtig einen kombinierten Grenzsteuersatz aus Einkommensteuer und Solidaritätszuschlag von 44,31 %. Wird sein Steuersatz in der Rentenphase voraussichtlich ca. 40 % übersteigen, sollte Gerd statt bAV oder Riester die einfache, damit aber auch flexiblere private Rentenversicherung wählen. Er kann sich dann auch später für eine Kapitalzahlung entscheiden, die bei Auszahlung ab 60 nur zur Hälfte steuerpflichtig ist.

Immobilie – steuerliche Vorteile für Besserverdiener

Nachdem bis hierhin die staatlich geförderte Vorsorge ausgeschöpft und damit hohe Renditen trotz garantierter Leistungen realisiert werden, sollte genau jetzt die Stunde der Immobilie schlagen. Bei allen anderen Vorsorgeformen sinken die Raten oder Renten im Falle zunehmender Lebenserwartung ab. Die Immobilie bleibt von solchen Regelungen unabhängig und sie bleibt unbesteuert. In Zeiten zunehmender Steuersätze ist das ein großer Vorteil. Darüber hinaus ermöglicht sie im Rahmen eines Niedrig-Energie-Hauses deutliche Einsparungen gegenüber einer Mietimmobilie. Schließlich stellt die Immobilie bei späterem Umzug in ein Seniorenheim eine eiserne Reserve oder bei Schenkung/Vererbung an Kinder wichtige Generationenvorsorge dar.

Vermietete Immobilien gehören aufgrund der steuerlichen Absetzbarkeit von laufenden Werbungskosten, Erhaltungsaufwand und Abschreibungen zu den wenigen verbliebenen Möglichkeiten der Steuersenkung.

Ist eine Immobilie bereits vorhanden, stellt die energetische Gebäudesanierung mit ihren Spitzenrenditen von bis zu 10 % eine besonders gute Altersversorgung dar.

Investmentfonds – noch etwas wagen

Der Immobilieneigentümer wird im Rentenalter renovieren müssen. Dazu braucht er zusätzliches Geld. Hat er bis zum Rentenbeginn noch mindestens zehn Jahre Zeit und kann er noch Geld erübrigen, sollte diese Liquidität über Aktienfonds angespart werden. Schließlich sind die sicheren und geförderten Vorsorgeformen bereits ausgeschöpft. Nun kann der Besserverdiener auch etwas wagen, was mit überproportionalen Chancen versehen ist. Die gegenwärtig noch vorhandene Steuerbegünstigung wird mit der eventuellen Abschaffung der Spekulationsfrist künftig wohl reduziert, jedoch nicht völlig beseitigt.

Ihr Altersvorsorge-Fahrplan

- Für Besserverdiener steht die betriebliche Altersversorgung an erster Stelle. Über Unterstützungskassen oder Direktzusagen kann die Versorgungslücke abgedeckt werden.
- Kommen indessen Direktversicherung, Pensionskasse oder Pensionsfonds zum Einsatz, ist die Riester-Versorgung zusätzlich empfehlenswert.
- Die private Rentenversicherung kann besser sein, wenn der im Rentenalter erwartete Steuersatz annähernd so hoch ist wie in der Erwerbsphase.
- Darüber hinaus sollte eine Immobilie gebaut oder erworben werden. Auch die vermietete Immobilie macht als Vorsorge Sinn. Für bestehende Immobilien sollte auf jeden Fall die energetische Gebäudesanierung praktiziert werden. Da Immobilien auch in der Rentenphase Renovierungsbedarf aufweisen, sollten Sie zusätzliche Vorsorge über Investmentfonds betreiben, es sei denn die Spanne bis zum Rentenbeginn unterschreitet zehn Jahre.
- Rürup-Renten sollten lediglich als Ergänzung dienen.

Welche Wege bieten sich für Selbstständige an?

Selbstständige sind nicht verpflichtet, in die gesetzliche Rentenversicherung einzuzahlen. Deshalb müssen sie noch dringender als Arbeitnehmer rechtzeitig selbst vorsorgen. Wie das geht, zeigen wir Ihnen auf den nächsten Seiten.

Im folgenden Kapitel zeigen wir Ihnen Altersvorsorge-Fahrpläne für

- Selbstständige (S. 91 ff.),
- Selbstständige vor Rentenbeginn (S. 97 ff.) und
- Freiberufler (S. 102 ff.).

Überblick

Natürlich gibt es auch in dieser Gruppe erhebliche Unterschiede in Hinsicht auf Lebenssituation, finanzielle Mittel und Lebenserwartung. Deshalb haben wir folgende Unterteilung vorgenommen:

- Der Selbstständige: Einzelunternehmer oder Gesellschafter einer Personengesellschaft (wie OHG, KG, GdbR oder Partnerschaftsgesellschaft) mit einem Jahreseinkommen von mindestens 100 000 € oder zumindest auf dem Weg dahin.
- Der Selbstständige vor Rentenbeginn: Er ist ca. 55 bis 65 Jahre alt, blickt auf ein erfolgreiches Leben als Unternehmer zurück und überlegt sich, wie er die Versorgung im Alter noch optimal ergänzen kann.
- Der freiberuflich Tätige: Ärzte, Architekten, Rechtsanwälte, Künstler, Journalisten etc., die sich fragen, ob ihre persönliche Altersvorsorge ausreicht und was sie noch tun sollten. Die folgende Tabelle gibt Ihnen einen Überblick über die besten Vorsorgeformen für Sie. Auf den nächsten Seiten erklären wir Ihnen die Details:

	Riester-Rente	Rürup-Rente	Invest-ment	Priv. RV	bAV	Immo-bilie
Selbstständiger		●●	●	●●		●●
Freiberufler		●●	●	●●		●●
Selbstständiger vor Renten-beginn		●●	●	●●		

●● = sehr empfehlenswert / ● = zur Ergänzung sinnvoll
Kein Punkt = nicht empfehlenswert oder nicht möglich

Der Selbstständige

Sind Sie Einzelunternehmer oder Gesellschafter einer Personengesellschaft wie z. B. einer OHG, KG, GdbR oder Partnerschaftsgesellschaft? Dann müssen Sie keine Beiträge in die gesetzliche Rente zahlen. Das kann ein Vorteil sein, wenn Sie aus eigenem Antrieb für Ihre Altersversorgung gesorgt haben. Wenn nicht, dann gehören Sie zu denen, die bis ins hohe Alter Ihren Beruf ausüben müssen, weil es nicht einmal die gesetzliche Rente gibt. Egal, ob Sie nun der junge Existenzgründer oder der erfolgreiche Unternehmer Mitte 50 sind: Essenziell ist, dass Sie mit Ihrer Altersvorsorge spätestens jetzt beginnen und bis zum Rentenalter durchhalten.

Nach einer Umfrage vom Institut für Demoskopie Allensbach rechnen Selbstständige mit einem monatlichen Bedarf von ca. 2 500 €, wenn sie im Ruhestand sind. Anders als Arbeitnehmer müssen Sie diesen – oder einen höheren Bedarf – völlig mit Vorsorgeformen decken, die Sie aus eigenem Antrieb leisten.

Unsere Empfehlungen

Prüfen Sie zunächst: Sind die existenziellen Risiken wie Berufsunfähigkeit bzw. der Hinterbliebenenschutz bei Familien über eine private Versicherung abgesichert? Dann bieten sich als nächster Schritt für Sie als Selbstständiger eine Reihe von Vorsorgeformen an. Unbedingt zu empfehlen sind:

- die Rürup-Rente (bei Jüngeren auf Fondsbasis),
- die private Rentenversicherung und
- die selbst genutzte Immobilie.

Zur Ergänzung sinnvoll:

- die Investmentfonds.

Für Sie als Selbstständiger ist die betriebliche Altersvorsorge nicht möglich. Die Riester-Rente ist ebenfalls nicht durchführbar, außer Ihr Ehepartner ist riesterförderfähig und Sie erlangen dadurch die mittelbare Riesterförderung – aber dies ist nur ein Tropfen auf dem heißen Stein.

Die Rürup-Rente – für Selbstständige richtig gut!

Wenn Sie eine steuerliche Förderung vom Staat „mitnehmen" wollen, ist die Rürup-Rente für Sie ein Muss. Das ist der einzige staatlich geförderte Versorgungsweg, der für Sie angeboten wird: Steuerliche Vorteile gibt es auch für Selbstständige. .Somit können Sie nun die Rürup-Vergünstigungen bis zu den Höchstgrenzen – 20 000 € bei Ledigen und 40 000 € bei Verheirateten – nutzen. Die Nachteile, wie z. B. die fehlende Vererbbarkeit bzw. Kapitalisierbarkeit, werden dabei meist ausgeglichen: Durch den steuerlichen Vorteil ist für Sie die Altersversorgung über Rürup meistens günstiger als eine private Rentenversicherung. Einen Hinterbliebenenschutz sollten Sie anderweitig z. B. über eine Risikolebensversicherung oder auch eine private Rentenversicherung mit Witwen-/Witwerrente aufbauen.

Steht der Hinterbliebenenschutz nicht im Fokus, kann die Rürup-Rente mit echten Renditevorteilen aufwarten. Aufgrund der steuerlichen Vergünstigung – in 2007 können bereits 64 % der Rürup-Beiträge steuerlich abgesetzt werden – sind Nachsteuer-Renditen bis zu 6 % möglich. Für eine konservative Produktanlage, die auch ein langes Leben bis ins hohe Alter absichert, ist das ganz ordentlich. Allerdings hängt die Nachsteuer-Rendite sehr stark von Ihrem Steuersatz im Ruhestand und dem Alter bei Beginn des Rürup-Vertrags ab.

Es gibt zwar Rürup-Produkte mit Hinterbliebenenschutz auf dem Markt, aber dies ist nicht selbstverständlich. Deshalb müssen Sie hier bei Ihrem Berater nachfragen.

Steuersatz im Ruhestand	35-Jähriger	45-Jähriger	55-Jähriger
20 %	5,4 %	5,7 %	6,0 %
30 %	4,9 %	5,2 %	5,4 %
40 %	4,4 %	4,6 %	4,7 %

Wir haben ein konservatives Rürup-Produkt als Grundlage angenommen. Sparen Sie z. B. 5 000 € jährlich in dieses Rürup-Produkt, so erhalten Sie ab dem 65. Lebensjahr eine lebenslängliche monatliche Rente in Höhe von ca. 1 100 € (nach Steuer) bei Sparbeginn mit 35 Jahren, ca. 600 € bei Beginn mit 45 und ca. 250 € bei Beginn mit 55.

Falls Sie jedoch etwas risikofreudiger sind, dann ist für Sie die fondsgebundene Variante der Rürup-Rente zu empfehlen. Darüber hinaus können nun auch Investmentgesellschaften Rürup-Produkte anbieten z. B. mit Aktienfonds.

Beispiel

Der Bauunternehmer Horst Humpe (49 Jahre, 110 000 € Einkünfte aus selbstständiger Tätigkeit) investiert im Jahr 2007 20 000 € in eine Rürup-Rente. Wir nehmen an, dass er keine freiwilligen Beiträge in die gesetzliche Rentenversicherung entrichtet). Somit hat er also 64 % von 20 000 € = 12 800 € steuerlich abziehbare Altersvorsorgeaufwendungen in 2007. Bei einem Steuersatz von 46 % (inkl. inkl. SolZ und Kirchensteuer) entspricht dies einem Nettobeitrag von 14 097 € und damit einer Steuerersparnis von 5 903 €. Hat er im Ruhestand einen Steuersatz von ca. 35 %, rentiert seine Rürup-Rente mit ca. 4,8 % p. a. nach Steuer.

Die private Rentenversicherung

Investieren Sie in die private Rentenversicherung, erhalten Sie zwar keine staatliche Förderung, aber die Rente ist nur mit dem günstigen Ertragsanteil zu versteuern – zum Beispiel bei Rentenbeginn mit 65 in Höhe von 18 %. Dies stellt einen erheblichen Vorteil dar – besonders, wenn Sie im Alter einen hohen Steuersatz besitzen z. B. durch Mieteinnahmen. Die Nachsteuer-Rendite in Abhängigkeit von Ihrem Steuersatz im Ruhestand und dem Alter bei Sparbeginn können Sie der folgenden Tabelle entnehmen:

Steuersatz im Ruhestand	35-Jähriger	45-Jähriger	55-Jähriger
20 %	4,4 %	4,4 %	4,3 %
30 %	4,3 %	4,3 %	4,2 %
40 %	4,3 %	4,2 %	4,1 %

Wir haben eine konservative private Rentenversicherung als Grundlage angenommen. Die Renditen sind zwar etwas geringer als bei der Rürup-Rente, aber dafür besitzt die private Rentenversicherung keine Einschränkung bei der Vererbbarkeit, Beleihbarkeit sowie Kapitalisierung. Darüber hinaus gibt es bei der privaten Rentenversicherung keine Beitragshöchstgrenze.

Zu empfehlen: Die Immobilie

Natürlich sind auch alle anderen Vorteile der Immobilie als Altersversorgung bzw. der Gebäudesanierung bei einer bestehenden Immobilie für Sie relevant. Für Sie als Selbstständiger besonders interessant sind vermietete Immobilien, die aufgrund der steuerlichen Absetzbarkeit von laufenden Werbungskosten, Erhaltungsaufwand und Abschreibungen zu den letzten verbliebenen Möglichkeiten zur Senkung des persönlichen Steuersatzes gehören. Ist die vermietete Immobilie dann im Alter abbezahlt, bessern die Mieteinnahmen Ihre Altersvorsorge enorm auf.

Ihr Altersvorsorge-Fahrplan

- Das staatlich geförderte Produkt der Rürup-Rente und die private Rentenversicherung gehören für Sie als Selbstständige zu den optimalen Anlageformen. Deshalb sollten Sie beide Varianten der Altersvorsorge in einem „gesunden" Verhältnis zueinander nutzen.
- Des Weiteren stellt die eigene Immobilie einen sehr wichtigen Baustein für die Altersversorgung von Selbstständigen dar.

Aufwand – Ertrag

Selbstständige müssen bei der Altersvorsorge in die vollen gehen, da sie keine gesetzliche Rente erwarten können.

Beispiel

Unser Bauunternehmer Horst Humpe (ledig, 49 Jahre, 110 000 € Einkünfte aus selbstständiger Tätigkeit) ergänzt seine Rürup-Rente (20 000 € Jahresbeitrag) um eine private Rentenversicherung mit 12 000 € Beitrag im Jahr und außerdem kauft er sich eine denkmalgeschützte Eigentumswohnung für 280 000 €, die er auch voll über Bankdarlehen finanziert. Aus der Rürup-Rente erfährt er damit einer Steuerersparnis von 5 903 €. Aufwand für die Rürup hat er damit 14 097 € p. a. Für die private Rente erhält er keine Steuerersparnis, daher bleibt es beim Nettoaufwand von 12 000 €. Dagegen wirkt sich die erhöhte Abschreibung in Höhe von 9 % für die denkmalgeschützte Eigentumswohnung äußerst positiv auf seinen Nettobeitrag zur Altersvorsorge aus. Er kann nämlich mit Zins und AfA ca. 30 000 € an Werbungskosten für die ETW steuerlich absetzen. Nach Abzug der Mieteinnahmen bleibt Herrn Humpe ein Nettoaufwand für die Wohnung von ca. 2 400 € im Jahr. Betrachtet man nun die Liquidität, so baut sich Herr Humpe für einen Jahresaufwand von ca. 28 497 € eine gut strukturierte Altersvorsorge auf.

Der Selbstständige vor Rentenbeginn

Ein 78-jähriger Handwerksmeister, der sich fragt, ob sein 56-jähriger Sohn die Firma ordentlich fortführen kann und ein 37-jähriger Internet-Freak, der sein Software-Unternehmen für einige Millionen an einen Global Player veräußert, um künftig auf den Malediven zu meditieren: Was haben diese beiden gemeinsam? Beide sind selbstständig und stehen kurz vor Rentenbeginn. Was das Alter angeht, können wir diese Gruppe demnach nicht so leicht eingrenzen. Einigen wir uns also auf einen zu Wohlstand gekommenen 61-jährigen Unternehmer, der seine Firma in spätestens vier Jahren veräußern und mit seiner Frau einen erlebnisreichen, schönen Lebensabend genießen möchte.

Unsere Empfehlungen

Wenn Sie in einer vergleichbaren Lage sind und überlegen, wie Sie die Zeit nach Ihrem aktiven Berufsleben finanziell optimal gestalten, empfehlen wir zur Aufbesserung Ihrer monatlichen Liquidität ab dem angenommenen Rentenbeginn zum 65. Lebensjahr folgende Vorsorgewege:

- Rürup-Rente und
- private Rentenversicherung.

Als Ergänzung gibt es zudem sehr clevere Formen von Auszahlplänen auf Investmentfondsbasis, die insbesondere für Anleger geeignet sind, die Flexibilität und Rendite bevorzugen. Alle anderen Vorsorgeformen sind entweder nicht mehr möglich oder im Regelfall nicht zu empfehlen.

Bei der Absicherung von existenziellen Risiken wird für Sie die Berufsunfähigkeit eine untergeordnete Rolle spielen. Dagegen sollten Sie sich informieren, wie das Risiko der Pflege oder auch die Weitergabe von Vermögenswerten im Todesfall optimal abgesichert werden kann.

Paradox – ältere Selbstständige profitieren von der Rürup-Rente

Bei der Einführung der staatlich geförderten Rürup-Rente hatte der Staat die Selbstständigen im Blick. Diese Personengruppe konnte sich zwar freiwillig Ansprüche aus der gesetzlichen Rentenversicherung aufbauen, aber weil die Leistungen aus der gesetzlichen Rentenversicherung offensichtlich gering sein werden machten in den letzten Jahren nur noch wenige von dieser Möglichkeit Gebrauch. Dabei müssen gerade die Selbstständigen eine fundierte Altersvorsorge aufbauen. Bei jungen Selbstständigen kann dies über einen lang laufenden Rürup-Renten-Vertrag erfolgen. Die Selbstständigen kurz vor dem Ruhestand haben aber nicht mehr soviel Zeit. Dafür haben Sie im Regelfall die finanziellen Mittel, noch in den letzten Jahren bis zum Ruhestand maximale Beiträge einzuzahlen. Dieser liegt bei der Rürup-Rente bei 20 000 € pro Person und pro Jahr. Also eine stolze Summe, die zudem bei Verheirateten auf 40 000 € aufgestockt werden kann.

Und jetzt kommt der Clou: Beiträge in die Rürup-Rente sind – wie im Kapitel „Was bringt die Rürup-Rente?" auf Seite 28 ausführlich beschrieben – bis zu diesen 20 000 € bzw. 40 000 € steuerlich als Sonderausgaben absetzbar. Im Jahr 2007 zu 64 %, in 2008 zu 66 % usw. Dagegen sind die Leistungen aus der Rürup-Rente z. B. im Jahr 2007 mit 54 % zu versteuern; und dieser Satz gilt dann für die gesamte Laufzeit der Rente. Daraus ergibt sich ein interessantes Steuermodell gerade für ältere Selbstständige.

Beispiel

Der verheiratete Handwerksmeister Willi Nagel, 59 Jahre alt, möchte seine Altersvorsorge mit der neuen Rürup-Rente noch einmal richtig aufbessern. Dazu schließt er einen Vertrag über eine Laufzeit von sechs Jahren ab und zahlt im Jahr den maximal steuerlich geförderten Beitrag von 40 000 € ein. Der Betrieb läuft nach wie vor hervorragend und Herr Nagel kann sich über ein jährliches Einkommen von 130 000 € freuen.

Den gesamten Aufwendungen in Höhe von 240 000 € steht eine Steuerersparnis von ca. 80 000 € gegenüber. Somit zahlt Willi Nagel netto ca. 160 000 € für seine Altersvorsorge ein und erhält dafür eine lebenslange Rente von ca. 1 500 € im Monat. Diese muss er allerdings versteuern (bei Rentenbeginn im Jahr 2012 mit einem Anteil von 64 % der Rente). Unterstellt man eine Lebenserwartung von 24 Jahren, ergibt sich eine Rendite von 4,8 % (bei 35 % Steuersatz im Alter). Ab dem 60. Lebensjahr kann er sogar eine sofort beginnende Rürup-Rente abschließen, dann rentiert sich das Ganze sogar noch mehr.

Die Rürup-Rente eignet sich ideal dazu, mit hohen Beiträgen noch kurz vor dem Ruhestand und steuerlich subventioniert, die Rente aufzubessern. Der einzige Haken ist, dass die Rürup-Rente nicht vererbt werden darf. Stirbt der Sparer während der Ansparphase oder bereits kurz nach Rentenbeginn, haben die Erben das Nachsehen.

Die private Rentenversicherung – im Einzelfall top!

Die private klassische Rentenversicherung hat viele Vorteile, die sich gerade bei älteren Selbstständigen positiv auswirken können. So ist sie zum einen flexibel gestaltbar und durch Vereinbarung einer Rentengarantiezeit bzw. einer Beitragserhaltsgarantie zumindest teilweise vererbbar. Zum anderen ist sie steuerlich gerade für diejenigen geeignet, die auch im Rentenalter einen hohen Steuersatz aufweisen. Die Leistungen der privaten Rentenversicherung werden nämlich lediglich mit dem Ertragsanteil besteuert.

Beispiel

Unser Handwerksmeister Willi Nagel, 59 Jahre, alt möchte sich einen Alternativvorschlag zur Rürup-Rente aufzeigen lassen. Dazu soll eine private Rentenversicherung mit einer Laufzeit von sechs Jahren und ebenfalls ein Beitrag von 40 000 € im Jahr durchgerechnet werden. Wir gehen davon aus, dass Willi durch seine erfolgreiche Selbstständigkeit und dem Aufbau eines umfangreichen Vermögens auch im Alter einem hohen Steuersatz von 46,2 % unterliegt.

Bei gesamten Beiträgen in Höhe von ebenfalls 240 000 € erfährt Willi Nagel in der Beitragsphase keine Steuerersparnis. Allerdings muss er die daraus resultierende monatliche Rentenleistung in Höhe von ca. 1 450 € ab dem 65. Lebensjahr nur mit einem Anteil von 18 % zu seinem individuellen Steuersatz versteuern. Dies führt über die gesamte Laufzeit zu einer Rendite nach Steuern in Höhe von 3,5 %. Es zeigt sich also, dass auch diese Form der Vorsorge für den Selbstständigen kurz vor dem Ruhestand geeignet sein kann.

Der Auszahlplan auf Fondsbasis – eine interessante Alternative

Ein heute 65-jähriger Mann hat nach Studien der Deutschen Aktuarvereinigung e.V. eine statistische Lebenserwartung von 24 Jahren. Geht man nun davon aus, dass eine Investition in Renten- oder Aktienfonds hinsichtlich des Risikos der Kursverluste ab einem Betrachtungszeitraum von mindestens zehn Jahren durchaus zu empfehlen ist, dann sind die heute 65-Jährigen eine eindeutige Zielgruppe für diese Vorsorgeform.

Dies haben sich in jüngster Zeit die Kapitalanlagegesellschaften zu Eigen gemacht und sehr interessante Auszahlpläne auf Fondsbasis konstruiert. So werden Einmalbeiträge in ein Depot einbezahlt, daraus nach einer vorher festgelegten Mischung Aktien- und Rentenfonds gekauft und dann für eine monatliche Rente nach und nach verkauft. Das Depot ist jederzeit veräußerbar und vererbbar. Die Anlageform ist also insbesondere für Anleger geeignet, die sich eine gewisse Flexibilität und Vererbbarkeit bewahren wollen und Risiken für eine höhere Rendite in Kauf nehmen.

Ihr Altersvorsorge-Fahrplan

- Je nach Steuersatz in der Beitragsphase und in der Rentenphase, können sich die steuerlich optimierte Rürup-Rente und die private klassische Rentenversicherung enorm unterscheiden. Übersteigt Ihr Steuersatz im Rentenalter ca. 90 % Ihres Steuersatzes in der Beitragsphase, so ist es für Sie rentabler in eine private Rentenversicherung zu investieren.

- Sind Sie etwas risikofreudiger und erwarten Sie hohe Flexibilität, steht der Auszahlplan auf Fondsbasis für Sie an erster Stelle. Würden Sie schließlich eine jährliche Beitragssumme von 40 000 € auf die beiden Rentenprodukte aufteilen, ergäbe sich nach Berücksichtigung der Steuer ein Nettobeitrag von ca. 36 600 €.

Der freiberuflich Tätige

Sind Sie in einem so genannten Kammerberuf, also z. B. als Notar, Anwalt, Arzt, Zahnarzt, Apotheker, Steuerberater oder Architekt tätig und zahlen Pflichtbeiträge in Ihr berufsständisches Versorgungswerk, dann sind Sie hier richtig. Aber auch als Künstler, Musiker, Schriftsteller oder Journalist sind Sie in diesem Kapitel richtig, wenn Sie Beiträge in die Künstlersozialkasse zahlen. Andernfalls gelten für Sie die Ausführungen im Kapitel für die Selbstständigen.

Gerade in der freiberuflichen Tätigkeit gibt es Phasen mit sehr gutem Verdienst, in denen der Lebensstandard steigt. Klar ist, dass auch Sie als Freiberufler den Existenz bedrohenden Risiken wie Berufsunfähigkeit, Todesfall und den Vermögensrisiken ausgesetzt sind. Diese gilt es individuell mit Ihrem Berater abzustimmen und abzusichern. Will man den gewohnten Lebensstil im Alter beibehalten, muss man kräftig sparen, denn allein für eine lebenslängliche Monatsrente in Höhe von 1 000 € benötigen Sie zum Ruhestandsbeginn ein Kapital von ca. 185 000 € - bei Verrentung wohlgemerkt. Wollten Sie die Rente aus den Zinsen bestreiten, benötigen

Sie 300 000 € unter der optimistischen Annahme von 4 % Zins nach Steuer!

Unsere Empfehlungen

Neben den Pflichtbeiträgen in Ihr berufsständisches Versorgungswerk oder in die Künstlersozialkasse haben Sie zusätzlich die Möglichkeit, freiwillig in eine Versorgungseinrichtung wie z. B. dem Presseversorgungswerk einzuzahlen. Genauso wie Versicherer bieten Ihnen diese Einrichtungen Produkte zur Altersvorsorge wie die Rürup-Rente oder private Rentenversicherungen an. Unbedingt für Sie zu empfehlen ist:

- die Rürup-Rente (bei Jüngeren auf Fondsbasis),
- die private Rentenversicherung,
- die selbst genutzte Immobilie.

Zur Ergänzung sinnvoll:
- die Investmentfonds.

Wie funktionieren Versorgungswerke?

Bei den Versorgungswerken sind die berufständischen Versorgungswerke für Kammerberufe - wie Ärzte, Architekten oder Steuerberater - sowie die Künstlersozialkasse (z. B. für Musiker, Schriftsteller oder Journalisten), bei den Pflichtbeiträge gezahlt werden müssen zu unterscheiden von Versorgungswerken, bei denen eine freiwillige Mitgliedschaft besteht wie dem Presseversorgungswerk. Versorgungswerke mit freiwilliger Mitgliedschaft stellen kein Ersatz für die gesetzliche Rente, sondern nur eine Ergänzung dar. Nur bei Freiberuflern mit Pflichtbeiträgen tritt der nachfolgend dargestellte Steuerersparniseffekt ein.

Steuern sparen mit Beiträgen für Versorgungswerke

Die Einzahlung in ein Versorgungswerk bedeutet eine beachtliche Steuerersparnis. Diese Ersparnis kann mehrere hundert Euro pro Monat betragen.

Beispiel

Der niedergelassene Zahnarzt Ernst Zahnweh zahlt jährlich 12 000 € Beitrag an sein Versorgungswerk. Davon kann er 2007 64 % als Altersvorsorgeaufwendungen steuerlich geltend machen, also 7 680 €. Dazu kommen noch sonstige Vorsorgeaufwendungen wie Kranken-, Berufsunfähigkeits- und Pflegeversicherung in Höhe von maximal 2 400 €. Somit hat er insgesamt Vorsorgeaufwendungen in Höhe von 10 080 €. Im Vergleich zu der bisherigen Regelung (maximal 5 069 € Vorsorgeaufwendungen) können 2007 also 5 011 € mehr von der Steuer abgezogen werden.

Bei einem Steuersatz von 46,7 % (inkl. SolZ und Kirchensteuer) zahlt Herr Zahnweh 2007 insgesamt 2 340 € weniger Steuern. In den Folgejahren steigt die Steuerersparnis stetig, da sich die Absetzbarkeit der Beiträge von Jahr zu Jahr erhöht (auf 100 % ab 2025).

Sind Sie als Freiberufler angestellt (der so genannte „feste Freie"), dann berechnet sich die Steuerersparnis aufgrund des Arbeitgeberanteils an den Versorgungswerkbeiträgen etwas anders. Zudem sind die sonstigen Vorsorgeaufwendungen nur bis 1 500 € absetzbar, d. h. in diesem Fall erhalten Sie „nur" eine Steuerersparnis wie „normale" Arbeitnehmer (vgl. dazu Seite 16).

Die folgende Tabelle gibt die durchschnittliche Ersparnis bis zum Ruhestandsbeginn für einen 45-jährigen Freiberufler an, der Beiträge in Höhe von 20 000 € p. a. in sein berufsständische Versorgungswerk einzahlt.

Gewinn p. a.	Ø Ersparnis pro Monat	
	ledig	verheiratet
60 000 €	248 €	84 €
80 000 €	368 €	188 €
100 000 €	485 €	315 €
120 000 €	500 €	369 €

Die Besteuerung der Rente

Wird Ihnen dies alles vom Staat geschenkt? Natürlich nicht – Sie erhalten diese Steuerersparnis nur, weil Sie im Alter Steuern auf die Rente aus der berufsständischen Versorgung zahlen müssen. Leistungen aus dem berufsständischen Versorgungswerk werden nämlich nicht mehr – wie früher – mit dem günstigen Ertragsanteil besteuert (z. B. 27 % bei Rentenbeginn mit 65), sondern bei Rentenbeginn im Jahr 2030 zu 90 % bzw. ab 2040 sogar zu 100 %. Somit bleiben Ihnen bei einer monatlichen Rentenleistung aus dem berufsständischen Versorgungswerk in Höhe von 2 500 € (brutto) nur noch ca. 1 400 € netto übrig, falls Sie den Spitzensteuersatz von 44,3 % besitzen (inkl. SolZ, ohne Kirchensteuer).

Versorgungswerk alleine genügt nicht

Die Einzahlung in Ihr Versorgungswerk wird nicht ausreichen, wie das obige Beispiel zeigt. Deshalb empfehlen wir Ihnen dringend, noch weitere Vorsorgeformen zu nutzen, vor allem die Rürup-Rente (bei Jüngeren auf Fondsbasis), die private Rentenversicherung und die selbst genutzte Immobilie. Zur Information über die Besonderheiten dieser Versorgungswege gelten die gleichen Empfehlungen, wie wir sie Selbstständigen geben (siehe Seite 91 ff.).

Sie sind nicht berufstätig – was nun?

Gerade für Menschen die nicht berufstätig sind, ist es wichtig, für das Alter vorzusorgen - auch wenn nicht viel Einkommen oder Vermögen vorhanden ist. Unsere Ratschläge auf den nächsten Seiten helfen Ihnen, wenn Sie

- Hausfrau / Hausmann (S. 108 ff.) sind,
- studieren (S. 112 f.),
- im Moment Arbeit suchen (S. 113 f.) oder
- bereits im Ruhestand sind (S. 115 ff.).

Der Überblick

Die Gründe dafür, nicht berufstätig zu sein sind vielfältig, ebenso die optimale Vorsorgeform. Wir haben die Einteilung in folgende Untergruppen vorgenommen:

- Hausfrauen und -männer
- Studierende
- Arbeitssuchende
- Senioren (Generation 60 plus)

Die folgende Tabelle gibt Ihnen einen Überblick über die besten Vorsorgeformen für Sie. Auf den nächsten Seiten erklären wir Ihnen die Details:

	Riester-Rente	Rürup-Rente	Invest-ment	Priv. RV	bAV	Immo-bilie
Hausfrauen und -männer	(●●)		●●	●●		●
Studierende			●●			
Arbeitslose	●●		●	●		
Generation 60 plus		●●	●	●		

●● = sehr empfehlenswert
(●●) = sehr empfehlenswert, wenn über Ehegatten förderfähig
● = zur Ergänzung sinnvoll
Kein Punkt = nicht empfehlenswert oder nicht möglich

Die Hausfrauen/-männer

Als Hausfrau/-mann sollten Sie die Altersvorsorge möglichst nicht alleine Ihrem Partner überlassen. Nicht nur weil die

Trennungsquoten so hoch sind. Wichtig ist, dass Sie Altersvorsorge betreiben und auf Ihren Namen und auf Ihre Ansprüche die entsprechende Versorgungsform wählen. Die Versorgung der Frauen aus der gesetzlichen Rentenversicherung ist bereits heute nur halb so hoch wie die der Männer. Sie liegt im Durchschnitt unter 500 € im Monat. Eine derzeit noch vom Staat gezahlte Witwenrente steht auf dem Prüfstand und wird voraussichtlich in den nächsten Jahren gestrichen. Frauen werden zunehmend Selbstständiger – dies sollte vor allem auch für die Altersvorsorge gelten.

Unsere Empfehlungen

Wussten Sie, dass ein Großteil der Unfälle im eigenen Haushalt passiert und Sie als Hausfrau/-mann nach zwei Jahren ohne Beitragszahlung in die gesetzliche Rentenversicherung keine Ansprüche auf Berufsunfähigkeitsrente mehr haben? Sie sollten also zunächst dieses Risiko absichern. Für die Altersvorsorge empfehlen wir dann folgendes:

- die Riester-Rente,
- den Investmentsparvertrag und
- die private Rentenversicherung.

Zur Ergänzung sinnvoll:

- die selbstgenutzte Immobilie.

Riester – indirekt möglich

Richtig ist, dass das Altersvorsorgevermögensgesetz die Hausfrau bzw. den Hausmann nicht als förderfähige Person ansieht. Den verdienten Stellenwert genießt dieser Berufsstatus in höchsten Regierungsgremien noch immer nicht. Richtig ist aber auch, dass Hausfrauen/-männer durch den förderberechtigten Ehegatten mittelbar förderberechtigt werden und den vollen Anspruch auf die Riesterförderung erhalten, wenn Sie einen eigenen Vertrag abschließen. Diesen müssen Sie dann nicht einmal mit eigenen Beiträgen besparen, erhalten aber die Grundzulage in Höhe von 154 € p. a. (ab 2008) und die Kinderzulagen von 185 € pro Kind p. a.

Beispiel

Hausfrau Heidi Lum, verheiratet und drei Kinder im Alter von fünf, acht und elf Jahren, schließt bei derselben Gesellschaft wie Ihr Gatte einen Riester-Fondssparplan ab. Ihr Ehegatte muss auf seinen Vertrag einen Eigenbetrag von 337 € leisten. Dazu erhält er noch die Grundzulage von 154 €. Sie dagegen erhält auf ihren Vertrag ohne eigene Zuzahlungen die Grundzulage in Höhe von 154 € sowie die Kinderzulagen in Höhe von 555 € eingezahlt. Läuft der Vertrag bis zum 65. Lebensjahr, kann sie sich über eine Zusatzrente in Höhe von 187 € im Monat freuen.

Der Investmentsparvertrag – flexibel und gewinnbringend

Kommt die Riester-Rente nicht in Betracht (z. B. weil der Ehepartner nicht förderberechtigt ist), bietet sich Investmentsparen als zusätzliche Altersvorsorge an. Ein Investmentsparvertrag, der in Aktienfonds investiert, ist eine passende Lösung für junge Hausfrauen/-männer bis ca. 45 Jahre – gerade auch, weil man durch die lange Laufzeit auch mit kleinen Einzahlungen zu guten Renditen kommen kann. Das größere Risiko, das aufgrund der noch langen Zeit bis zum Rentenbeginn etwas vermindert wird, kann auch höhere Renditechancen bieten. Für ältere Hausfrauen und -männer, die nicht mehr viel Zeit für eine private Altersvorsorge haben, ist ein Fondssparplan, der in Mischfonds investiert, eine gute Möglichkeit die Altersvorsorge kurzfristig aufzustocken. Er bietet im Vergleich zu den staatlich geförderten Produkten eine wesentlich bessere Flexibilität, z. B. durch beliebige Beitragshöhe, Verfügbarkeit vor dem 60. Lebensjahr und Vererbbarkeit. Gerade für Hausfrauen/-männer, bei denen die Lebensplanung noch nicht abgeschlossen ist oder viele Zukunftsfragen noch nicht geklärt sind (z. B. wie lange die Kinderbetreuungszeit werden bzw. wann soll welcher Beruf wieder aufgenommen werden), ist diese Produktform auf jeden Fall empfehlenswert.

Die private Rentenversicherung

Die klassische private Rentenversicherung kann sich aufgrund ihrer Vorteile insbesondere bei älteren Hausfrauen/- männer positiv auswirken. Sie kann zum einen sehr flexibel gestaltet werden (Möglichkeit der Kapitalauszahlung, Vererbbarkeit durch Vereinbarung einer Rentengarantiezeit). Zum anderen bietet die private Rentenversicherung durch die Ertragsanteilsbesteuerung eine lebenslange steuergünstige Rente. Für die jüngere risikofreudige Zielgruppe der Hausfrauen/-männer bietet sich eine fondsgebundene private Rentenversicherung als zusätzliche Altersvorsorge an. Der Vorteil: Die Rentenversicherung ist flexibel und passt sich den noch unfertigen Lebensplänen an.

Ihr Altersvorsorge-Fahrplan

- Hat die Hausfrau bzw. der Hausmann die Möglichkeit, durch den Ehepartner die Riesterförderung zu erhalten, sollte diese Möglichkeit in Anspruch genommen werden.
- Daneben bieten sich private Rentenversicherung und Investmentfonds an. In welcher Höhe Sie nun in den einzelnen Versorgungsweg investieren hängt ganz von Ihrer Anlegermentalität ab: Sind Sie eher sicherheitsorientiert, dann sollten Sie mehr in die staatlich geförderten Produkte bzw. in die klassische Rentenversicherung investieren. Schätzen Sie jedoch das Risiko, so sollte ein größerer Anteil Ihres Sparvolumens in einen Aktienfonds fließen.
- Bei den Investmentfonds – insbesondere bei den Aktienfonds – erhalten Sie keine staatliche Förderung, aber dafür haben Sie gute Renditechancen und sind wesentlich flexibler – ein Aspekt, der bei Hausfrauen/-männern wichtig ist, weil sich die Lebenssituationen stark verändern können.

Der Studierende

Studierende wollen vermutlich am allerwenigsten an eine frühzeitige Altersvorsorge denken. Doch gerade der zeitige Auftakt zur privaten Altersvorsorge ist entscheidend. Wer jetzt anfängt, ist anderen weit voraus, denn die heutigen kleinen Sparraten können bis zum Rentenalter ein beachtliches Vermögen ergeben.

Investmentfonds sind für Studierende ideal geeignet, sich schon für kleine Beiträge eine Altersvorsorge zu „kaufen". Flexible Laufzeiten, tägliche Verfügbarkeit, hohe Renditechancen und die Möglichkeit den selbst gewählten Beitrag zu senken, zu erhöhen oder gar auszusetzen sind Argumente für einen Fondssparplan.

Ein heute 20-Jähriger kann sich bei einem monatlichen Sparbeitrag von nur 50 € und einer Performance von 7,5 % p. a. in 40 Jahren über einen Betrag von ca. 141 000 € freuen. Würde er 20 Jahre später mit dem Sparen beginnen, also halb soviel einzahlen, erhielte er mit 60 nur ca. 26 900 €, also gerade mal 20 % davon.

Der Arbeitssuchende

Als Arbeitssuchender mögen Sie andere Sorgen haben, als sich mit der Altersvorsorge zu beschäftigen. Doch gerade Sie sollten dieses Thema nicht vernachlässigen, denn aufgrund des Zinseszinseffekts (vgl. das Kapitel „Der Zinseszinseffekt" auf Seite 52) ist es besser, mit einem kleinen Sparbeitrag früher anzufangen und vor allem auch in schlechten Zeiten durchzuhalten.

Unsere Empfehlungen

Dem Arbeitssuchenden empfehlen wir, folgende Vorsorgeaufwendungen zumindest weiterlaufen zu lassen, wenn in der Festanstellung schon bestanden hatten:

- die Riester-Rente,
- die private Rentenversicherung oder
- Investmentfonds.

Riester – auf jeden Fall weiterlaufen lassen

Auch dem Gesetzgeber ist klar, dass man in Zeiten der Arbeitssuche nicht viel Geld für die Altersvorsorge zur Verfügung hat. Deshalb hat er eine staatliche Förderung auch für diese Situation vorgesehen, nämlich die Riester-Rente. Und diese empfehlen wir Ihnen dringend.

Beispiel

Herr Xaver Kraft ist seit 1.1.2007 arbeitssuchend. In 2006 hatte er ein Gehalt in Höhe von 51 000 €, d. h. er muss in 2007 3 % von 51 000 € = 1.530 € minus Zulage in Höhe von 114 €, also 1 416 € als Beitrag für seinen Riester-Vertrag leisten. Dies ist in Zeiten ohne Arbeit sehr viel. Aber dafür muss er in 2008 nur noch 80 % seines vorhergehendes Gehaltes als Grundlage für den Riesterbeitrag heranziehen, also auf 40 800 €. Beim Arbeitslosengeld II muss er sogar nur den Sockelbetrag in Höhe von 60 € im Jahr zahlen, um die volle Zulage von 154 € (bei Verheirateten 308 € p. a.) zu erhalten. Somit macht es für Xaver Kraft Sinn, den Riester-Vertrag weiter zu bedienen.

Den Riester-Vertrag kann man während der Zeit der Arbeitssuche ruhen lassen – dann erhält man jedoch auch keine

Zulage. Darüber hinaus ist der Riester-Vertrag auch Hartz IV-geschützt, d. h. das angesparte Kapital muss nicht aufgebraucht werden, bis das Arbeitslosengeld II fließt.

Investmentfonds und private Rentenversicherung

Als Ergänzung sind bestenfalls Investmentfonds oder eine private Rentenversicherung zu empfehlen – insbesondere wenn Sie noch jünger sind und von den langen Laufzeiten bei Fondssparplänen schon mit sehr geringen Sparbeträgen profitieren. Eine bestehende private Rentenversicherung sollten Sie auf jeden Fall weiter besparen, da Sie bei Beitragsfreistellung ein eher schlechtes Geschäft machen.

Rürup-Rente weniger geeignet

Die Rürup-Rente ist ebenfalls Hartz IV geschützt, aber in Zeiten ohne Arbeit ist der Steuersatz meistens sehr gering. Deshalb kommen Sie dann auch nicht in den Genuss der steuerlichen Vorteile der Rürup-Rente – sie lohnt sich also in diesen Fällen in der Regel nicht.

Der Senior – Generation 60 plus

Eines steht fest: Die heute über 60-jährigen zählen zu den wohlhabendsten Senioren aller Zeiten. Diese Generation hat in den Gründerjahren der Bundesrepublik hart gearbeitet und gelernt, mit Geld effizient umzugehen. Eine Frage stellt sich dennoch: Wie kann das Kapital sinnvoll und rentabel in laufendes Einkommen umgewandelt werden? In diesem Kapitel beziehen wir uns auf alle über 60-Jährigen, die ihre berufliche Laufbahn bereits beendet haben und nun den Ruhestand genießen. Gehören Sie dazu? Dann eines vorweg: Statistisch gesehen haben die heute 60-Jährigen noch ein sehr langes Leben vor sich und werden ca. 92 Jahre alt. Das sind 32 Jahre, die durch monatliche Rentenleistungen finanziell möglichst sorgenfrei gestaltet werden sollten.

Die heute über 60-Jährigen haben den großen Vorteil, dass die Leistungen aus der gesetzlichen Rentenversicherung im Durchschnitt noch ca. 60 % des letzten Nettoeinkommens ausmachen. Im Schnitt sind das in Deutschland ca. 1 000 € im Monat. Das bedeutet für den, der mit über 60 noch seine Alterversorgung aufbessern möchte, dass es hier vorwiegend um die Umwandlung von momentanen Vermögen in zukünftige, monatliche Rentenleistungen geht.

Unsere Empfehlungen

Das Risiko Berufsunfähigkeit spielt für Sie keine Rolle mehr. Dafür sollte auf jeden Fall ein Hinberbliebenenschutz in Form einer Risikoversicherung aufgebaut werden. Darüber hinaus ist die Haftpflichtversicherung für Sie nach wie vor dringend zu empfehlen.
Für Ihre Altersvorsorge bieten sich je nach persönlichem Steuersatz unterschiedlich attraktive Anlageprodukte an:

- Die Rürup-Rente
- Die private Sofortrentenversicherung
- die neue Form der Auszahlpläne auf Investmentfondsbasis.

Die Riester-Rente wie auch die bAV sind für bereits im Ruhestand befindliche nicht mehr möglich und auch die eigen genutzte Immobilie steht für diese Zielgruppe in der Regel nicht mehr im Fokus.

Beste Renditen mit der Rürup-Rente

Diejenigen, die von der Rürup-Rente am stärksten profitieren, sind die heutigen Rentner. Die Rürup-Rente garantiert eine lebenslange Rente und hilft obendrein, bei Einmalbeiträgen noch beachtlich Steuern zu sparen. Durch den bereits beschriebenen Steuer-Effekt hat nämlich jeder über 60-jährige die Möglichkeit, von dem eingezahlten Beitrag 64 % (in 2007) steuerlich abzusetzen.

Beispiel

Max Kunz, 60 Jahre und verheiratet, ist seit zwei Jahren im Ruhestand. Der ehemalige Abteilungsdirektor hat aufgrund von Leistungen aus der gesetzlichen Rente, Einkünften aus Vermietung und Kapitalanlagen aus einer umfangreichen Erbschaft einen Spitzensteuersatz von 44,3 %. Im Jahr 2007 investiert er 40 000 € in eine Rürup-Rentenversicherung.

Mit diesem Beitrag erzielt Herr Kunz eine Steuerersparnis im Jahr 2007 in Höhe von 11 341 € und zahlt damit effektiv nur einen Eigenbeitrag von 28 659 € oder 72 %. Gleichzeitig muss er nur 54 % der sofort beginnenden Rente aus der Rürup-Rentenversicherung versteuern.

Bei einer unterstellten Lebenserwartung bis zum vollendeten 89. Lebensjahr ergibt sich damit für diese Investition eine Rendite nach Steuern in Höhe von 3,5 %. Im Vergleich dazu liegt die Rendite einer 10-jährigen Bundesanleihe bei diesem hohen Steuersatz bei ca. 2,3 % nach Steuern. Die Rürup-Rentenversicherung kann also ein lohnendes Geschäft sein – zumal sie auch noch lebenslang gezahlt wird.

Zu berücksichtigen ist bei der Rürup-Versicherung natürlich, dass das eingezahlte Vermögen in der Rentenphase nicht vererbbar ist. Das Produkt ist dadurch für allein stehende Ruheständler ohne Nachkommen optimal. Senioren mit Nachkommen können durch Zusatzvereinbarungen die Vererbbarkeit gewährleisten, müssen dann aber mit Abschlägen von der Rendite rechnen.

Die Sofortrente – die Absicherung der Langlebigkeit

Die privaten Rentenversicherer bieten sofort beginnende Rentenversicherungen an. Hier haben Sie die Möglichkeit, vorhandenes Vermögen in eine lebenslange Leibrente umzuwandeln und zudem durch die Vereinbarung einer Rentengarantiezeit die Nachkommen zumindest zu einem Teil abzusichern. Die Sofortrente ist insbesondere dann interessant, wenn Sie sich gesund fühlen und noch ein langes Leben vor sich haben. Denn die Rente wird bereits bei Vertragsabschluss kalkuliert und garantiert.

Auszahlpläne auf Investmentfondsbasis

Möchte der Anleger die sichere Komponente der Rentenversicherungen durch ein Mehr an Rendite aufbessern, dann bietet sich der Auszahlplan auf Investmentfondsbasis an. Diese Form der Altersversorgung hat zwar den Vorteil, dass sie mehr Rendite erzielt und eine hohe Flexibilität aufweist. Dafür sichert sie nur einen befristeten Zeittraum ab - das Kapital wird irgendwann aufgezehrt sein. Immerhin gibt es inzwischen empfehlenswerte Investmentfondskonzepte auf dem Markt, bei denen ein Auszahlplan bis zum 85. Lebensjahr vorgesehen ist und ab dann eine lebenslange Rentenversicherung beginnt – also beide Vorteile in einem vereint.

Ihr Altersvorsorge-Fahrplan

- Die Vorteile bei der Rendite inklusive Steuerersparnis bezahlen Sie bei Rürup mit der Nichtvererbbarkeit des Kapitals.
- Private Sofortrentenversicherungen sichern genauso das lange Leben ab und bieten – zumindest teilweise – eine Vererbbarkeit. Je nach Steuersatz und Familiensituation kann die eine oder andere Form optimal sein.
- Neue Produktentwicklungen – wie z. B. Auszahlpläne auf Fondsbasis – kommen mehr und mehr auf den Markt und sprechen insbesondere Sparer an, die auch im Alter noch eine attraktive Rendite suchen.

Aufwand – Ertrag

Der 60-Jährige Max Kunz und seine Ehefrau Elvira haben erkannt, dass sie ein solides Altersversorgungskonzept benötigen. Der persönliche Berater, der sich in der Thematik gut auskennt, empfiehlt ihnen 50 % ihres Vermögens in ein intelligentes Investmentfondskonzept mit Auszahlplan und die andere Hälfte in eine sofort beginnende Rentenversicherung und bis zur steuerlichen Höchstgrenze in eine Rürup-Rente zu investieren. Die Investmentfonds bieten Flexibilität und Renditechancen – die private Rentenversicherung und die Rürup-Rente stellen eine finanzielle Versorgung auch bis ins hohe Alter sicher:

Beispiel

Max und Elvira Kunz besitzen insgesamt ein Vermögen von 500 000 €, davon stecken 200 000 € in einer vermieteten Immobilie. Die restlichen 300 000 € sind verteilt auf Sparbuch, Festgeld und diversen Wertpapieren. Nach der Empfehlung seines Beraters investiert er nun 130 000 € in ein Investmentfondskonzept mit Auszahlplan, 40 000 € in die Rürup-Rente, um den Steuervorteil zu realisieren und 90 000 € in eine private Rentenversicherung – die Verträge werden zu gleichen Teilen auf das Ehepaar verteilt. Die übrigen 40 000 € sind seine eiserne Reserve, die er in einem Geldmarkfonds parkt.

Aus der Investition in die Investmentfonds erhält das Ehepaar Kunz bis zum 85. Lebensjahr eine monatliche Rente von ca. 800 €, aus der privaten Rentenversicherung eine lebenslängliche monatliche Rente von ca. 400 € und aus der Rürup-Rente ca. 180 €. Zusammen mit der gesetzlichen Rente und den Mieteinnahmen können die Eheleute Kunz mit diesen Einnahmen, ihren Lebensabend gut genießen.

Wichtige Adressen

Allgemeine Informationen

Bundesministerium für Arbeit und Sozialordnung
www.bma.bund.de
Tel.: 01805 / 676710

Bundesministerium der Finanzen
www.bmf.bund.de
Tel.: 03018 / 682 - 3300

Verbraucherschutzzentralen
www.bzbv.de
Tel.: 030 / 258000

Bundesverband der Rentenberater e.V.
www.rentenberater.de
Tel.: 0221 / 2406642

Gesamtverband der Deutschen Versicherungswirtschaft e.V.
www.gdv.de
Tel.: 030 / 20205000

Bundesverband deutscher Banken
www.bankenverband.de/rente
Tel.: 030 / 1663 - 0

Gesetzliche Rentenversicherung / Riesterzulage

Deutsche Rentenversicherung Bund (Zusammenschluss der BfA, der LVAs und des VDR)
www.deutsche-rentenversicherung-bund.de
Tel.: 0800 / 10004800

Gesamtverband der landwirtschaftlichen Alterskassen (GlA)
www.lsv.de
Tel.: 0561 / 93590

Informationen zur betrieblichen Altersversorgung

Arbeitsgemeinschaft für betriebliche Altersversorgung (ABA)
www.aba-online.de
Tel.: 06221 / 137178 - 0

Bundesvereinigung der Deutschen Arbeitgeberverbände (BDA)
www.bda-online.de
Tel.: 030 / 2033 - 0

Deutscher Gewerkschaftsbund (DGB)
www.dgb.de
Tel.: 030 / 24060 - 0

Vereinte Dienstleistungsgewerkschaft (Ver.di)
www.verdi.de
Tel.: 01802 / 222277 (*6 Cent/pro Anruf)

Stichwortverzeichnis

Bibliografische Information der Deutschen Bibliothek

Die Deutsche Bibliothek verzeichnet diese Publikation in der Deutschen Nationalbibliografie; detaillierte bibliografische Daten sind im Internet über http://dnb.ddb.de abrufbar.

ISBN 978-3-448- 07906-7
Bestell-Nr. 00928-0001

Postanschrift: Postfach, 82142 Planegg
Hausanschrift: Fraunhoferstraße 5, 82152 Planegg
Fon: (0 89) 8 95 17-0, Fax: (0 89) 8 95 17-2 50
E-Mail: online@haufe.de
Internet www.haufe.de
Redaktion: Jürgen Fischer

Gesamtbetreuung: Sylvia Rein, 81379 München
Lektorat: Anastasia Simopoulos, 81547 München
Umschlaggestaltung: Simone Kienle, par:two büro für visuelles, 70182 Stuttgart
Umschlagentwurf: Agentur Buttgereit & Heidenreich, 45721 Haltern am See
DTP: Agentur: Satz & Zeichen, Karin Lochmann, 83129 Höslwang
Druck: freiburger graphische betriebe, 79108 Freiburg

Zur Herstellung der Bücher wird nur alterungsbeständiges Papier verwendet.

Die Autoren

Prof. Dr. Thomas Dommermuth

Thomas Dommermuth, Steuerberater und Professor an der Fachhochschule Amberg-Weiden, bekannt durch eine Reihe von Rundfunk- und Fernsehauftritten, berät Banken und Versicherungsgesellschaften auf dem Gebiet der privaten und betrieblichen Altersversorgung. Er ist Vorsitzender des fachlichen Beirats des Instituts für Vorsorge und Finanzplanung.

Michael Hauer

Michael Hauer, Diplom-Mathematiker und Certified Financial Planner, berät Banken und Versicherungsgesellschaften im Bereich der Finanzplanung sowie der Altersvorsorge. Darüber hinaus ist er Dozent an der European Business School Finanzakademie und an der Fachhochschule Amberg-Weiden. Er ist Gesellschafter und Geschäftsführer des Instituts für Vorsorge und Finanzplanung.

Frank Nobis

Frank Nobis, Dipl. Betriebswirt (FH) und Certified Estate Planner, berät Banken und Versicherungsgesellschaften im Bereich der Finanzplanung sowie der Altersvorsorge. Er ist Gesellschafter und Geschäftsführer des Instituts für Vorsorge und Finanzplanung.

TaschenGuides – Qualität entscheidet

Bereits erschienen:

Der Betrieb in Zahlen

- 400 E Mini-Jobs
- Balanced Scorecard
- Betriebswirtschaftliche Formelsammlung
- Bilanzen lesen
- Buchführung
- Businessplan
- BWL Grundwissen
- Controllinginstrumente
- Deckungsbeitragsrechnung
- Einnahmen-Überschussrechnung
- Finanz- und Liquiditätsplanung
- Die GmbH
- IFRS
- Kaufmännisches Rechnen
- Kennzahlen
- Kleines Lexikon Rechnungswesen
- Kontieren und buchen
- Kostenrechnung
- Kleine mathematische Formelsammlung

Mitarbeiter führen

- Besprechungen
- Führungstechniken
- Die häufigsten Managementfehler
- Management
- Managementbegriffe
- Mitarbeitergespräche
- Moderation
- Motivation
- Projektmanagement
- Spiele für Workshops und Seminare
- Teams führen

Karriere

- Assessment Center
- Existenzgründung
- Ich-AG – mit Gründerzuschuss selbstständig
- Jobsuche und Bewerbung
- Vorstellungsgespräche

Geld und Specials

- Sichere Altersvorsorge
- Bankgespräche richtig führen
- IGeL – Medizinische Zusatzleistungen
- Immobilien erwerben
- Die neue Rechtschreibung
- Zitate für Beruf und Karriere
- Zitate für besondere Anlässe

Persönliche Fähigkeiten

- Allgemeinwissen Schnelltest
- Ihre Ausstrahlung
- Mit Druck richtig umgehen
- Emotionale Intelligenz
- Entscheidungen treffen
- Fitness für Beruf und Karriere
- Gedächtnistraining
- Glück!
- IQ-Tests
- Knigge für Beruf und Karriere
- Knigge fürs Ausland
- Kreativitätstechniken
- Manipulationstechniken
- Mind Mapping
- NLP
- Schneller lesen
- Selbstmanagement
- Sich durchsetzen
- Soft Skills
- Stress ade
- Verhandeln
- Yoga für Beruf und privat
- Zeitmanagement